Kulturelle Esskapaden

Backgeheimnisse der Landpartie

von

Martina Schrader

Anne Przyklenk-Hadel

Illustrationen

Carola Krammisch

Picnic Edition

Vorwort

Kann denn Süßes Sünde sein?

Dieses Buch nimmt Sie mit auf eine kulinarische Reise durch das Wendland zur Zeit der Kulturellen Landpartie. Erleben Sie einen Besuch der Wunde.r.punkte mit Blick in die süßen Geheimnisse der Ausstellungsorte.

Was aber hat Süßes mit Kultureller Landpartie und Kulturelle Esskapaden mit Wunde.r.punkten zu tun? Und was heißt hier Sünde?

Die Kulturelle Landpartie bietet ihren BesucherInnen zwischen Himmelfahrt und Pfingsten kulturelle, künstlerische und kulinarische Höhepunkte. Das bedeutet Genuss für alle Sinne.

- Hören - Konzerte und Theater
- Sehen - Kunst und Theater
- Fühlen - Kunst und Handwerk
- Schmecken - Süßes - Kuchen
- Riechen - Hausgebackenes

Eine Sünde allerdings ist die politische Entscheidung für Gorleben als Standort eines nuklearen Entsorgungszentrums mit einem atomaren Zwischenlager und möglicherweise einem nationalen oder sogar internationalen Endlager.

Zunächst möchte ich Sie jedoch zu den Wurzeln der Kulturellen Landpartie führen.
Im Jahr 1989 wurden auf Initiative von KünstlerInnen im Wendland die Wunde.r.punkte ins Leben gerufen. Gemeinsames Ziel aller Beteiligten war die Verhinderung der Gorlebener Atomanlagen, deren Grundstein vor 26 Jahren gelegt wurde. In all den Jahren seit dem kreativen Aufbruch der künstlerisch orientierten Szene hat sich daran nichts geändert.
Zwischen Himmelfahrt und Pfingsten bringen Menschen mit viel Engagement offen und selbstbewusst ihre Persönlichkeit zum Ausdruck, indem sie ihre Werkstätten und Ateliers und natürlich ihren unermüdlichen Kampf gegen die Atomkraft über 12 Tage einem breiten Publikum präsentieren. 1995 wurde daraus die Kulturelle Landpartie, an der mittlerweile etwa 80 Orte des Landkreises Lüchow-Dannenberg mit mehr als 550 Künstlern, Kunsthandwerkern und Organisationen teilnehmen.
Noch immer dominiert in weiten Teilen der Bevölkerung die unreflektierte Vorstellung, man könne das Atommüllproblem in den Griff bekommen.
Wie grundsätzlich falsch diese Meinung ist, versuchen die Veranstalter der Kulturellen Landpartie seit nunmehr 14 Jahren durch diese bundesweit einmalige Kunstaktion zu verdeutlichen.

Die Bedeutung kulinarischer Genüsse während der Kulturellen Landpartie erhielt durch ständig steigende Besucherzahlen eine neue Dimension. Nicht nur ein Blick in die Höfe, Scheunen und Ställe, sondern auch ein Blick in die Küchen der AusstellerInnen bekam seinen Reiz. Hausgebackene Spezialitäten verzeichnen eine kreative Entwicklung und die Cafés machen durch ihre Namensgebung darauf aufmerksam. So gibt es zum Beispiel in Bülitz eine Hexenküche, Café Blau in Laase, reitzvolles Süßes und Herzhaftes in Reddereitz, ein Klein Grabenstedter Hof-Café...

Als ich 1999 das erste Mal als Schmuckgestalterin an der Kulturellen Landpartie teilnahm, kam mir die Idee, Backrezepte zu sammeln.
Inzwischen sind ein paar Jahre vergangen, derzeit stelle ich auf unserem eigenen Hof aus und organisiere gemeinsam mit meiner Freundin Anne Przyklenk-Hadel das Café.
Dadurch, dass wir die Ausstellung über den Widerstand gegen die Atomanlagen in Gorleben in unser Café integriert haben, werden viele Besucher veranlasst, bei Kaffee und Kuchen näher in die Thematik einzusteigen und es kommt oftmals zu regen Diskussionen.
Darüber hinaus wurden Anne und ich immer wieder nach unseren Backrezepten gefragt und so reifte die Idee, auch Backgeheimnisse anderer Ausstellungsorte mit aufzunehmen und zu veröffentlichen. Um dem Backbuch eine künstlerische Komponente zu geben, habe ich das Projekt meiner Freundin Carola Krammisch vorgestellt und sie hat sofort zugesagt, die Rezepte zu illustrieren.

Das vorliegende Buch ist ein kulinarisches Abenteuer, eine Esskapade durch die Backstuben und Cafés der Kulturellen Landpartie, ihrer Sympathisanten und unserer eigenen Rezeptsammlung.
Lassen Sie sich beim Durchblättern das Wasser im Mund zusammenlaufen, betrachten Sie die Illustrationen mit einem Schmunzeln und stellen Sie sich quer, wenn der nächste Castortransport ins Wendland rollt, dieses beeinträchtigt das Backergebnis in der Regel nicht.

Wir bedanken uns ganz herzlich bei allen, die dazu beigetragen haben, dieses Buch zu realisieren, insbesondere bei denen, die ihre süßen Backgeheimnisse preisgegeben haben.

Martina Schrader

Grundrezepte

Sieben gute Sachen zum Backen

Butter & Salz, Eier & Schmalz, Milch & Mehl, Safran... und was man sonst noch so wissen sollte

- Wenn Sie mit unserem Buch backen, steht am Anfang das Backvergnügen für Sie selbst und am Ende das Kuchenvergnügen für alle.

- Oberstes Gebot beim Backen - die Eier müssen von glücklichen, freilaufenden Hühnern sein !!!

- Die Zutaten sollten, soweit möglich, biologisch erzeugt sein.
  Der Landkreis Lüchow-Dannenberg hat übrigens die höchste Dichte an Biobetrieben im gesamten Bundesgebiet.

- Alle Rezepte können mit Vollkornmehl gebacken werden, man braucht nur etwas mehr Flüssigkeit, weil die Schalenteile des ganzen Korns mehr Flüssigkeit binden.

- Wer keine Gelatine verwenden möchte, kann auf pflanzliche Geliermittel ausweichen wie Agar Agar, Guarkernmehl oder Johannisbrotkernmehl.

- Zum Süßen kann an Stelle des Zuckers Honig oder Ursüße verwendet werden, Backpulver ersetzt man bei Bedarf durch Weinsteinbackpulver.

- Die angegebenen Backzeiten und -temperaturen können je nach Verschiedenartigkeit der Herde variieren. Greifen Sie auf eigene Erfahrungen zurück.
  Wir beziehen uns bei den Backtemperaturen in der Regel auf vorgeheizte Backöfen mit Umluft.
  Unsere »wendländischen« Springformen haben einen Durchmesser von 26 cm.

Mürbeteig

Der Mürbeteig ist ein Teig für Eilige, bei dem nur einige Regeln unbedingt zu beachten sind:

- das Fett sollte gekühlt, aber nicht zu kalt sein, damit sich alle Zutaten gut miteinander verbinden
- alle trockenen Zutaten in einer Schüssel mischen
- Butter in Stückchen auf dem Mehlgemisch verteilen
- Eier sollten nur in geringen Mengen verwendet werden, da der Teig sonst zu fest wird
- damit der Teig nicht zäh wird, müssen die Zutaten sehr schnell miteinander verknetet werden
- Mürbeteig muss nach dem Kneten mindestens 30 Minuten im Kühlschrank erkalten

Grundrezept für einen Mürbeteigboden

Teig

180 g	Mehl
60 g	Zucker
120 g	Butter/Margarine
1	Ei
1 Msp	Backpulver
1 Tl	Zitronenschale
1	Prise Salz

Zubereitung

Mehl, Backpulver, Zucker, Salz und Zitronenschale in einer Schüssel mischen und die Butter in Stückchen hinzufügen. Zum Schluss das Ei dazugeben und alles zügig zu einem glatten Teig verkneten. Diesen gut abgedeckt oder in Folie eingewickelt in den Kühlschrank stellen.
Den Teig ausrollen, in eine gefettete Tortenbodenform geben und mehrmals mit der Gabel einstechen.
Den Tortenboden bei 180° Umluft etwa 20 Minuten backen.

Nach dem Abkühlen kann der Tortenboden beliebig belegt werden.

Rührteig

Der Rührteig ist ein sehr vielseitiger Teig, der sich gut mit verschiedenen Zutaten kombinieren lässt. Folgende Regeln sind zu beachten:

- damit sich die Zutaten eines Rührteiges gut miteinander verbinden, sollten sie Zimmertemperatur haben
- Fett und Zucker 10 Minuten sehr cremig aufschlagen
- die Eier sorgfältig einzeln unterrühren
- Mehl, Backpulver und alle anderen trockenen Zutaten gründlich vermengen und nur kurz unterrühren, damit sich keine Luftblasen bilden
- ist der Teig zu zäh geworden, fügt man etwas Milch hinzu; er sollte noch schwer reißend vom Löffel fallen
- Garprobe mit einem Holzstäbchen; der Kuchen ist fertig, wenn kein Teig am Holzstäbchen kleben bleibt

Grundrezept für einen Rührteig in der Kastenform / 30 cm

Teig

250 g	Butter/Margarine
200 g	Zucker
1 P	Vanillezucker
1 Prise	Salz
4	Eier
350 g	Mehl
150 g	Speisestärke
1 P	Backpulver
1 Tl	Zitronenschale
1/8 l	Milch

Zubereitung

Das weiche Fett mit Zucker und Salz cremig schlagen. Die Eier nacheinander unterrühren und alles solange auf höchster Stufe rühren, bis sich der Zucker vollständig gelöst hat. Mehl, Speisestärke, Zitronenschale und Backpulver mischen, über die Masse sieben und zu einem glatten Teig verarbeiten.
Nur soviel Milch hinzufügen, dass der Teig noch schwer reißend von den Rührbesen fällt. Den Rührteig in eine gefettete oder mit Backpapier ausgelegte Kastenform füllen und glatt streichen.
Bei 160° - 170° Umluft im vorgeheizten Backofen etwa 50 - 60 Minuten backen.
Garprobe mit einem Holzstäbchen.
Den fertigen Kuchen vor dem Stürzen ca. 10 Minuten in der Form ruhen lassen.

Tipp

Zitronen-Zuckerguss über den warmen Kuchen geben - lecker!

Biskuitteig

Biskuitteig ist fein im Geschmack und einfach in der Zubereitung. Allerdings will er schnell zubereitet und sofort gebacken werden, sonst fällt die luftige Masse wieder zusammen. Es gelten folgende Regeln:

- alle Zutaten bereitstellen, um zügig arbeiten zu können
- die Form mit Backpapier auslegen
- den Backofen vorheizen
- Eier trennen und das Eiweiß mit dem Wasser sehr steif schlagen
- Zucker und Salz unter ständigem Rühren einrieseln lassen
- das Eigelb unterrühren
- Mehl, Backpulver und alle anderen trockenen Zutaten mischen und vorsichtig unterheben
- Teig sofort backen

Grundrezept für einen Biskuitboden

Teig

4	Eier
4 El	Wasser
150 g	Zucker
1 Prise	Salz
80 g	Mehl
80 g	Speisestärke
2 Tl	Backpulver

Zubereitung

Die Eier trennen und das Eiweiß mit dem Wasser sehr steif schlagen. Zucker und Salz unter ständigem Rühren einrieseln lassen, anschließend das Eigelb unterrühren. Mehl, Speisestärke und Backpulver mischen, darüber sieben und alles vorsichtig miteinander vermengen.

Den Teig in eine mit Backpapier ausgelegte Springform füllen und sofort bei 180°- 200° Umluft etwa 25 - 30 Minuten backen.

Den Biskuit erst in der Form auf einem Kuchengitter 10 Minuten abkühlen lassen, dann aus der Form lösen.

Der gut ausgekühlte Tortenboden kann ein- oder zweimal durchgeschnitten und beliebig gefüllt und dekoriert werden.

Tipp

Tortenböden lassen sich sehr gut am Vortag backen und außerdem hervorragend einfrieren.

Hefeteig

Für den Hefeteig benötigt man etwas Zeit. Damit er gut gelingt, müssen unbedingt folgende Regeln beachtet werden:

- alle Zutaten müssen Zimmertemperatur haben
- die Milch muss lauwarm sein
- der Teig sollte vor Zugluft geschützt werden
- Hefeteig geht am besten an einem warmen Ort auf
- bei frischer Hefe einen Vorteig herstellen
- Salz und Fett hemmen die Gärung der Hefepilze und dürfen deshalb nicht in den Vorteig
- statt frischer Hefe kann man auch Trockenhefe verwenden, dann entfällt der Vorteig

Grundrezept für einen Hefeteig vom Blech

Teig

500 g	Mehl
1	Würfel Hefe
75 g	Zucker
1 P	Vanillezucker
250 ml	Milch
75 g	Butter/Margarine
1	Ei
1 Prise	Salz

Zubereitung

Das Mehl in eine Schüssel geben und in die Mitte eine Mulde drücken.
Hefe in die Mulde bröckeln, mit etwas Zucker, der lauwarmen Milch und etwas Mehl verrühren, bis die Hefe aufgelöst ist.
Diesen Vorteig zugedeckt 15 Minuten gehen lassen.
Die geschmolzene Butter, den restlichen Zucker, Salz und das Ei hinzufügen und zu einem glatten Teig verkneten.
Nochmals zugedeckt 20 Minuten gehen lassen.
Den Teig ausrollen und auf ein gefettetes Backblech legen, abgedeckt weitere 15 Minuten gehen lassen.
Beliebig belegen und im vorgeheizten Backofen bei 200° Umluft etwa 25 - 30 Minuten backen.

Tipp

Butterflöckchen in den Hefeteig drücken, Mandelblättchen und Zucker darüber streuen. Bei gleicher Backeinstellung entsteht so ein leckerer Butterkuchen.

Quark-Öl-Teig

Ein Quark-Öl-Teig lässt sich schnell zubereiten und ist ideal für Ungeübte.
Es gelten folgende Regeln:

- immer geschmacksneutrales Öl verwenden
- Magerquark macht den Teig luftig und locker
- Quark, Zucker, Salz und Milch gut verrühren, dann das Öl esslöffelweise unterrühren
- Mehl und Backpulver mischen und unterkneten, bis der Teig ganz glatt ist
- 10 Minuten abgedeckt ruhen lassen
- Kuchen aus Quark-Öl-Teig immer frisch essen, dann schmeckt er am besten

Grundrezept für Quark-Öl-Teig

Teig

150 g	Magerquark
70 g	Zucker
1 P	Vanillezucker
1 Prise	Salz
6 El	Milch
6 El	Öl
300 g	Mehl
1 P	Backpulver

Zubereitung

Magerquark, Zucker, Vanillezucker, Salz und Milch gut miteinander verrühren.
Das Öl esslöffelweise unter die Quarkmasse rühren. Mehl mit Backpulver mischen und unterkneten, bis der Teig ganz glatt ist.
Den Teig 10 Minuten abgedeckt ruhen lassen.
Beliebig weiter verarbeiten.

Tipp

100 g	gehackte Nüsse	1	Ei
200 g	Marzipanrohmasse	1	Eigelb
50 g	weiche Butter	1 Tl	Wasser

Den Teig halbieren und zu zwei Rechtecken ausrollen. Gehackte Nüsse, Marzipanrohmasse, weiche Butter und 1 Ei zu einer glatten Masse verarbeiten und auf die Rechtecke streichen. Den belegten Teig von den Längsseiten aufrollen und die Stränge über Kreuz zu einem Zopf legen. Den Zopf auf ein mit Backpapier ausgelegtes Backblech legen. Eigelb mit Wasser verrühren und auf den Zopf streichen. Bei 175° Umluft ca. 25 - 30 Minuten backen.

Muffins

Muffins sind die feinen kleinen Kuchen, die als typisch amerikanisches Gebäck gelten und in verschiedenen Variationen zu jeder Tageszeit gegessen werden können.
Sie sind einfach in der Herstellung, haben eine kurze Backzeit und lassen sich gut einfrieren.
Zum Backen verwendet man am besten spezielle Muffin-Backformen mit 6 oder 12 Vertiefungen, die eingefettet werden. Es könne auch Papierbackförmchen in die Vertiefungen gestellt werden.
Das folgende Muffin Basis-Rezept lässt sich auf vielfältige Weise variieren, z.B. mit untergerührtem Obst, Schokolade oder Kakao, schmeckt aber auch *»pur«* sehr lecker.

Bei der Zubereitung von Muffins gelten folgende Regeln:

- es werden 2 Schüsseln benötigt
- zunächst alle «trockenen« Zutaten wie Mehl, Backpulver, Salz und Zucker in einer Schüssel vermischen
- die Butter sollte sehr weich sein oder geschmolzen werden
- die restlichen Zutaten wie Eier, Gewürze und die weiche Butter in die zweite Schüssel geben und alles gut verrühren
- auf die »nassen« Zutaten wird die Mehlmischung gegeben und alles zügig verrührt
- weitere Zutaten wie z.B. Obst oder Schokostreusel zum Schluss unterheben
- Teig in die eingefetteten Vertiefungen des Backblechs oder Papierförmchen füllen

Grundrezept für 12 Muffins

Teig

3	Tassen Mehl
5 Tl	Backpulver
1/4 Tl	Salz
1 El	Zucker
50 g	geschmolzene Butter
3	Eier
1 1/2	Tassen Milch

Zubereitung

Mehl, Backpulver, Salz und Zucker mischen. Butter, Milch und Eier schaumig schlagen und alles miteinander verrühren.
Teig in die Förmchen füllen und ca. 15 Minuten bei 200° Umluft backen.
5 - 10 Minuten im Backblech auskühlen lassen.

mmmmmmhhhh... muffins make me smile

Rezepte der Ausstellungsorte

Käsekuchen

Teig

200 g	Weizen, fein gemahlen
1 Tl	Backpulver
5 - 6 El	Pflanzenöl
5 - 6 El	kaltes Wasser
1	Ei
1 Prise	Salz
2 El	Honig

Belag

750 g	Magerquark
etwas	Milch
1/4 Tl	Vanillepulver
175 g	flüssigen Honig
200 g	Sahne
3	Eier
1 Prise	Salz

Zubereitung

Die Zutaten für den Teig verrühren und einige Minuten kräftig kneten, dann zugedeckt 30 Minuten ruhen lassen.
Teig ausrollen, in eine gefettete und bemehlte Springform geben, einen Rand bilden und den Boden mehrmals einstechen.

Form auf die mittlere Schiene des kalten Backofens stellen und den Boden bei 180° Umluft etwa 15 Minuten vorbacken.

Sämtliche Zutaten für den Belag, bis auf die Sahne, glatt rühren.
Die Sahne steif schlagen, unter die Quarkcreme heben und die Masse auf den vorgebackenen Boden streichen.
Käsekuchen in 40 Minuten bei 180° Umluft fertig backen.

Rezept Bea Büschel

Rhabarber - Blechkuchen

Teig

200 g	Butter
200 g	Zucker
1 P	Vanillezucker
3 - 4	Eier
1	unbehandelte Zitrone
1 Prise	Salz
500 g	Mehl
1 P	Backpulver
1/8 l	Milch

Streusel

200 g	Mehl
125 g	Butter
1 Prise	Salz
125 g	Zucker
1 P	Vanillezucker

Belag

500 g	Rhabarber

Zubereitung

Fett und Zucker schaumig rühren, Eier einzeln unterrühren.
Abgeriebene Zitronenschale, Zitronensaft, Salz, Vanillezucker, Mehl und Backpulver nach und nach unterrühren. Zum Schluss die Milch hinzufügen.
Den Teig auf ein gefettetes Backblech streichen. Rhabarber waschen, abziehen, in 3 cm lange Stücke schneiden und auf dem Teig verteilen.
Für die Streusel Mehl, Butter in Flöckchen, Salz und Zucker in eine Schüssel geben und mit dem Handrührgerät vermengen. Die Streusel auf den Rhabarber streuen.
Im vorgeheizten Backofen bei 180° - 200° Umluft ca. 30 Minuten backen.

Rezept Oma Inge

Stiefmütterchenkuchen

Teig

4	Eier
100 g	Zucker
250 g	frisch gemahlene Mandeln oder Haselnüsse
1 Tl	Backpulver
1 Prise	Salz
1 Prise	Zimt
1 Prise	Vanillepulver
1 El	Rum

Belag

1/2 l	Sahne
1 - 2 El	Honig
2 - 3 El	rote Marmelade, Erdbeer, Himbeer oder Johannisbeer
1 - 2 El	Eierlikör
etwas	Zimt und Vanille

Deko

Stiefmütterchen
gehackte, geröstete Mandeln
Schokostreusel
Eierlikör

Zubereitung

Für den Tortenboden die Eier trennen. Eigelb mit Zucker, Gewürzen und Rum schaumig schlagen. Eiweiß sehr steif schlagen und vorsichtig unter die Eicreme ziehen. Nüsse und Backpulver mischen und unterheben.
Den Teig in eine mit Backpapier ausgelegte Springform füllen und bei 180° Umluft auf der 2. Schiene von unten etwa 20 - 30 Minuten dunkelgoldbraun backen.

Die Sahne steif schlagen und mit Honig, Marmelade, Zimt und Vanille mischen. Den ausgekühlten Tortenboden mit 1 - 2 Esslöffeln Eierlikör beträufeln und die Sahnemischung darauf streichen. Etwas Eierlikör dekorativ auf den Belag tropfen und mit Stiefmütterchen, Mandeln und Schokostreuseln verzieren.

Tipp

Stiefmütterchen sind essbar!

Rezept Eike Schirge

Zimthörnchen

Teig

500 g	Weizenmehl
1 Prise	Salz
60 g	Zucker
1/4 l	lauwarme Milch
1	Würfel Hefe
1 Tl	Zucker
110 g	Sonnenblumenöl

Belag

60 g	Butter
50 g	Zimtzucker

Zubereitung

Das Mehl mit Salz und Zucker in einer Schüssel vermischen. In der lauwarmen Milch die Hefe mit dem Teelöffel Zucker auflösen und zum Mehl geben. 110 g Sonnenblumenöl hinzufügen und alles zu einem glatten Teig verarbeiten. An einem warmen Ort 1/2 Stunde gehen lassen.

Den Teig nochmals durchkneten und anschließend in 13 - 15 Stückchen teilen und diese zu länglichen Ovalen ausrollen. Jedes Oval mit Butterflöckchen belegen und mit einem gestrichenen Teelöffel Zimtzucker bestreuen. Die Teigplatten aufrollen und zu Hörnchen biegen. Bei 180° - 200° Umluft etwa 15 - 20 Minuten backen.

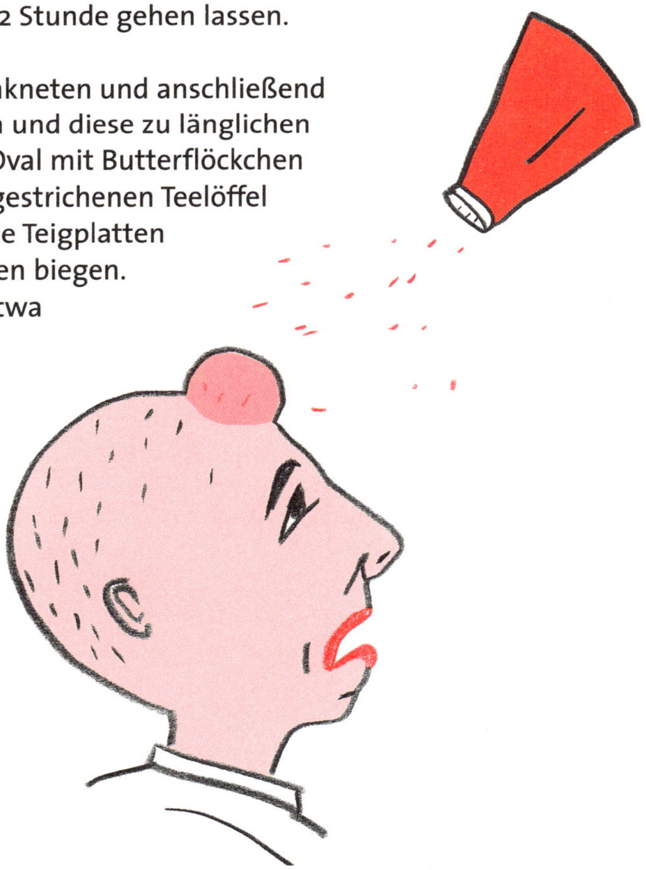

ALTES HAUSMITTEL: 1 PRISE ZIMT LÄSST JEDES HORN ZUM HÖRNCHEN SCHRUMPFEN...

Rezept Maria Kuhagen

FLAPJACK *Schottisches Arme - Leute - Gebäck*

Teig

600 g	Haferflocken
250 g	Butter
2 El	original »english golden Syrup« oder Zuckerrübensirup
200 g	Zucker
1 Prise	Salz

Zubereitung

Butter in einer größeren Pfanne erhitzen. Zucker und Syrup unterrühren, zuletzt die Haferflocken hineingeben und alles gut vermischen.
Die Masse auf einem gefetteten Backblech verteilen, je nach Gustoca, 1 cm dick.
Das Ganze in den vorgewärmten Backofen schieben und bei 180° Umluft 10 - 20 Minuten backen.
Im warmen Zustand das Gebäck in Stücke schneiden.

»Served best with a cup of good irish tea, blessings on the meal!«

Tipp

Wenn sich einmal ganz plötzlich hier auf dem Lande Besuch anmeldet oder gar einfach auftaucht, sind Flapjacks eine leckere, gesunde Rettung für den Nachmittag.
Das Rezept reicht für 2 - 20 Personen.

Rezept Mareille Ann Bahner und Christoph Spanier

Preiselbeer - Nuss - Sahnekuchen

Teig

100 g	Butter
125 g	Zucker
3	Eier
125 g	gemahlene Haselnüsse
2 gestr El	Kakao
1 gestr El	Mehl
2 Tl	Backpulver

Belag

1 Glas	Preiselbeeren
1 Becher	Sahne

FÜTTERN MIT NUSS-SAHNE-KUCHEN GESTATTET!

Zubereitung

Butter, Zucker und Eier schaumig rühren. Nach und nach Haselnüsse, Kakao, Mehl und Backpulver hinzufügen und alles gut verrühren. Die Masse in eine gefettete Springform füllen.
Bei 180° Umluft ca. 30 Minuten backen.

Am nächsten Tag die abgetropften Preiselbeeren auf dem Kuchen verteilen und mit geschlagener Sahne bestreichen.
Nach Belieben dekorieren, viel Spaß beim Probieren.

Rezept Nine Wegener

Mohnkuchen mit Streuseln

Teig

125 g	Butter
125 g	Honig
1	Eigelb
100 g	gemahlene Mandeln
200 g	Weizenvollkornmehl
1 Prise	Salz
1 Msp	Vanillepulver
1 Msp	Zimt
etwas	Milch

Füllung

250 g	gemahlenen Mohn
1 1/2 El	Zwiebackbrösel
1 1/2 El	Rum
1	Ei
60 g	Rosinen
20 g	fein gehackte Haselnüsse
4 El	Honig
1/2 Tl	Zimt

Streusel

80 g	gemahlene Haselnüsse
40 g	Weizenvollkornmehl
60 g	Honig
1/4 Msp	Vanillepulver
1/2 Tl	Zimt
40 g	Butter

aber wirklich nur 1 EL!

... na gut - 1/2 noch ...

Zubereitung

Mehl, Salz und Gewürze mischen und in die Mitte eine Vertiefung drücken. Eigelb, Honig und Mandeln verrühren und in die Vertiefung geben. Die kalte Butter in Flöckchen über das Mehl schneiden und alles schnell mit kalten Händen zusammenkneten. Den Teig 30 Min. kalt stellen.

Sämtliche Zutaten für die Füllung mischen und soviel Milch hinzufügen, dass eine feuchte Mohnmasse entsteht.
Den Teig in einer gefetteten Springform auslegen, dabei einen 3 cm hohen Rand stehen lassen. Die Mohnmasse auf den Teig geben.
Die Butter für die Streusel schmelzen. Alle anderen Zutaten mischen, die Butter hinzufügen und mit einer Gabel zu einer krümeligen Masse verarbeiten.
Die Streusel auf den Kuchen geben.
Im vorgeheizten Backofen 50 Minuten bei 180° Umluft auf der untersten Schiene backen. Nach einiger Zeit evtl. mit Alufolie abdecken.

Rezept Ortrud Zitterbarth

Rotweinkuchen

Teig

500 g	Butter/Margarine
500 g	Zucker
500 g	Mehl
8	Eier
2 Tl	Kakao
2 Tl	Zimt
200 g	Schokoladenstreusel
1/4 l	Rotwein
6	Tropfen Bittermandelöl
1 1/2 Tl	Backpulver

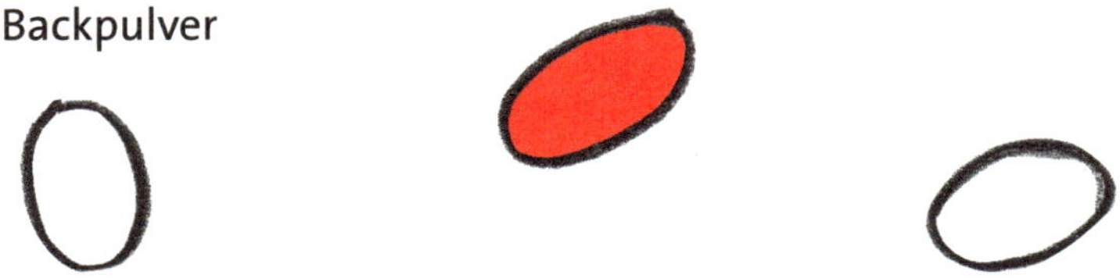

Zubereitung

Aus den Teigzutaten einen Rührteig nach Grundrezept herstellen. Eine runde Topfkuchenform einfetten und den Teig hineinfüllen.

Etwa 1 Stunde bei 175° Umluft backen.

MUSST DU AUSGERECHNET HEUTE JONGLIEREN ÜBEN?
DIE EIER GEHÖREN DOCH IN DEN KUCHEN.

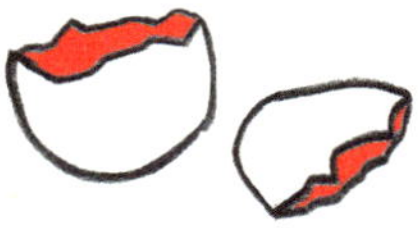

Rezept Tina Wiese

Rhabarberkuchen

Teig

250 g	Butter
250 g	Zucker
6 El	Milch
6	Eigelb
2 P	Vanillezucker
250 g	Mehl
1 Tl	Backpulver

Belag

6	Eiweiß
250 g	Zucker
1 Sieb	geschnittenen Rhabarber

Zubereitung

Die Eier trennen und das Eigelb mit Butter, Zucker, Vanillezucker und Milch zu einer cremigen Masse verrühren. Mehl und Backpulver mischen, unterrühren und den Teig auf einem gefetteten Backblech verteilen. Den klein geschnittenen Rhabarber kurz unter fließend heißem Wasser abwellen. 6 Eiweiß mit 250 g Zucker steif schlagen. Den Rhabarber unter die Eischneemasse heben und auf dem Teig verteilen. Im vorgeheizten Backofen bei 160° Umluft etwa 30 Minuten backen.

Rezept Marie-Luise Gaas und Christian Meyer

Schokoladen - Sauerkirschtorte

Teig

200 g	Butter
250 g	Zucker
4	Eier
1/2 P	Backpulver
125 g	Mehl
100 g	geriebene Schokolade
125 g	gemahlene Mandeln
1 Tl	Zimt
150 g	klein geschnittene Sauerkirschen

Zubereitung

Butter mit Zucker schaumig schlagen und die Eier unterrühren.
Mehl, Backpulver, Zimt, Schokolade und Mandeln mischen, unterheben.
Zuletzt die Sauerkirschen unterziehen. Eine Springform einfetten,
den Teig einfüllen und glatt streichen.
Bei 180 - 200° Umluft etwa 65 Minuten backen.

Rezept Anke Schulze und andere Mitarbeiter

Zimt - Nusskuchen

Teig

150 g	Butter
300 g	Honig aus eigener Imkerei
5	Eier von freilaufenden Hühnern
1 1/2 El	Zimt
50 g	fein gemahlene Hirse
3 Tl	Backpulver
200 g	Weizen, Bio-Getreide, selbst gemahlen
200 g	Haselnüsse oder Mandeln

Zubereitung

Die Butter mit dem Honig schaumig rühren. Nacheinander die Eier, den Zimt, das Hirsemehl und das mit dem Backpulver gemischte Weizenmehl dazugeben. Die Nüsse reiben und untermengen.
Eine Kastenform einfetten oder mit gefettetem Pergamentpapier auslegen, den Teig in die Form füllen und glatt streichen. Auf der untersten Schiene in den kalten Backofen schieben und bei 180° Umluft ca. 60 - 65 Minuten backen. Die Stäbchenprobe machen. Den Kuchen 10 Minuten in der Form ruhen lassen, dann auf ein Kuchengitter stürzen.

«In Grabow gibt es in der Regel kein Café. Wer sich jedoch ein wenig Zeit nimmt und auf der Rundbank unter der dicken Eiche verweilt, kann in den Genuss dieses leckeren Kuchens kommen.«

Rezept Renate Fischer

Möhrentorte

Teig

300 g	fein geraspelte Möhren
300 g	geriebene Mandeln
6	Eier von glücklichen Hühnern
250 g	Zucker oder 200 g Fructose
1/2 P	Backpulver
2 El	Mehl
1 Tl	Zimt

Zubereitung

Eier trennen, Eigelb und Zucker schaumig rühren.
Möhren, Mandeln, Backpulver, Mehl und Zimt dazufügen und verrühren.
Zum Schluss steif geschlagenes Eiweiß unterheben und in eine gefettete Springform füllen.
Bei 180° Umluft ca. 1 Stunde backen.

... EINE GLÜCKLICHE MÖHRE ...

Rezept Bettina Schriever

Johannisbeerquarkkuchen vom Blech

Teig

150 g	Magerquark
6 El	Milch
6 El	Öl
75 g	Zucker
1 P	Vanillezucker
1 Prise	Salz
300 g	Mehl
1 P	Backpulver

Baiser

100 g	Zucker
2	Eiweiß
3 El	Mandelblättchen

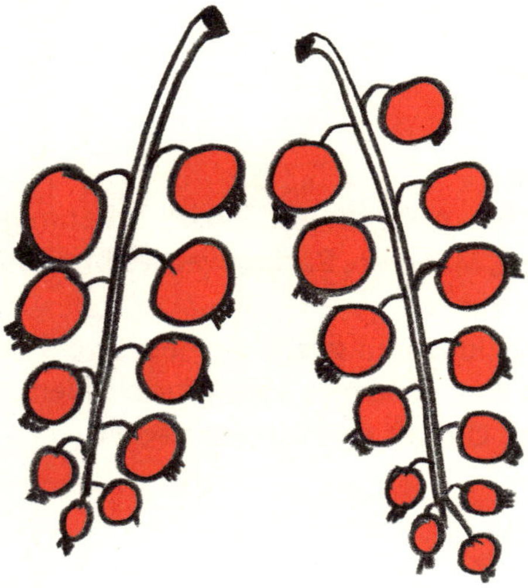

Belag

750 g	Magerquark
200 g	Zucker
1 P	Vanillezucker
3	Eier
2	Eigelb
50 g	zerlassene Butter
50 g	Speisestärke
500 g	Johannisbeeren

Zubereitung

Aus den Teigzutaten einen Quark-Öl-Teig nach Grundrezept herstellen und auf einem mit Backpapier ausgelegten Blech ausrollen. Die Zutaten für den Belag, bis auf die Johannisbeeren, gut miteinander verrühren und die Johannisbeeren zum Schluss vorsichtig unterheben. Die Masse auf den Teig geben.
Bei 175° - 200° Umluft ca. 25 Minuten backen.

Eiweiß mit Zucker sehr steif schlagen und auf den vorgebackenen Kuchen geben, mit Mandelblättchen bestreuen und nochmals bei 200° - 225° Umluft etwa 5 - 10 Minuten backen.

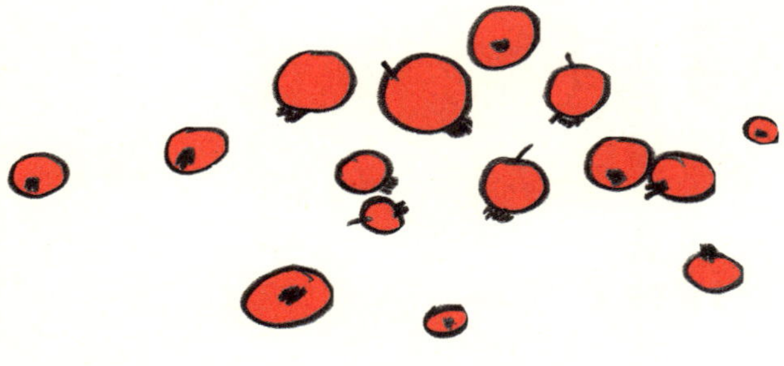

Rezept Anke Hinze

Klein Grabenstedter Käsekuchen

Teig		*Belag*	
50 g	Butter	1 kg	Quark
50 g	Zucker	1 Becher	Sahne
1 P	Vanillezucker	4	Eier
150 g	Mehl	1	Zitrone
1/2 Tl	Backpulver	250 g	Zucker
		1 P	Sahnepuddingpulver

Zubereitung

Aus den Teigzutaten Streusel herstellen. Diese in eine gefettete Springform geben und fest andrücken.
Den Quark mit der Sahne, dem Saft einer Zitrone und dem Zucker glatt rühren. Die Eier nach und nach dazugeben, zum Schluss das Sahnepuddingpulver unterrühren.
Die Quarkmasse auf die Streusel geben und alles bei 175° Umluft etwa 70 - 75 Minuten backen. Den Käsekuchen gut auskühlen lassen, erst dann den Springformrand lösen.

WER WAR DAS?
WER HAT DIE DICKEN
LOCHER DA
REINGEBOHRT???

ich

Rezept Konstanze Werner

Maulwurfshaufen

Teig		*Füllung*	
125 g	Butter	1 Becher	Sahne
125 g	Zucker	1 Tl	Zucker
3	Eier	1 P	Sahnesteif
150 g	gemahlene Haselnüsse	1 Glas	Sauerkirschen
1 Tl	Mehl		
1 Tl	Backpulver		
3 El	Kakao		

Zubereitung

Butter, Eigelb und Zucker schaumig rühren. Nüsse, Mehl, Backpulver und Kakao mischen, hinzufügen. Eiweiß steif schlagen und unterheben. Teig in eine gefettete Springform füllen und 20 Minuten bei 180° - 200° Umluft backen.

Nach dem Erkalten einen inneren Kreis ausschneiden (ca. 1 cm vom Rand) und die obere Schicht als Brösel abtragen. Die Kirschen abtropfen lassen. Sahne mit Sahnesteif und Zucker schlagen, mit den Kirschen vermengen und zu einem 'Haufen' in die Mulde füllen. Die Brösel obenauf streuen und evtl. mit Kakao überpudern.

Vor und während der Castor - Transporte ins atomare Zwischenlager Gorleben ist es wiederholt zu Unterhöhlungen von Straßen gekommen.
Während die Polizei zunächst AtomkraftgegnerInnen verdächtigte, brachte eine Ausstellung zur Kulturellen Landpartie 1998 die wirkliche Ursache ans Licht: Mutierte Maulwürfe!
Jahrelange Schachtarbeiten im Bereich Gartow/Gorleben haben einige Exemplare des gewöhnlichen Maulwurfs (talpa europaea) zu einer Wanderbewegung in Richtung Dannenberg bewogen, wo die gemütlichen Gräber durch radioaktive Bestrahlung zu Tieren gigantischen Ausmaßes mutierten.
Seitdem bekunden Natur- und Umweltschützer ihre Solidarität mit den verängstigten Tieren und bieten zur Kulturellen Landpartie süße »Maulwurfshügel« an.
Aber auch zu Castor - Zeiten lohnt sich ein Besuch des Wendlandes: Mit etwas Glück können dann die scheuen Tiere bei der Arbeit beobachtet werden.

Rezept Amigo Harlan

Friedels Apfelsinenschnitten

Teig

250 g	Mehl
1 Tl	Backpulver
75 g	Zucker
1 P	Vanillezucker
1	Ei
125 g	Butter

Guss

1 - 2	Apfelsinen
250 g	Puderzucker
1 El	abgeriebene Apfelsinenschale

Füllung

200 g	gemahlene Mandeln
150 g	Zucker
etwas	Orangensaft

Zubereitung

Aus den Teigzutaten einen Mürbeteig nach Grundrezept kneten.
In 2 Hälften teilen und 30 Minuten im Kühlschrank ruhen lassen.
Die 1. Hälfte ausrollen und in eine Springform legen.
Die Zutaten für die Füllung mischen und auf dem Teig verteilen. Die 2. Teighälfte ausrollen und die Füllung damit bedecken. Den Orangensaft erhitzen, mit Puderzucker glatt rühren und auf den Kuchen geben.
Die Apfelsinenschale darüber streuen.
Im vorgeheizten Backofen bei 170° Umluft ca. 50 Minuten backen.
Sofort schneiden, dann erst erkalten lassen.

Rezept Sigrid Nasarski

MOHN-MARZIPAN-TORTE

Seit Jahren **DER RENNER** während der Wunde.r.punkte!

Teig

3	Eier
3 El	Wasser
1	Tasse Zucker
1	Tasse Mehl
1	Tasse Mohn
1/2 P	Backpulver
1 P	Vanillezucker

Füllung

1/2 l	Sahne

Belag

100 g	Marzipan

Zubereitung

Die Eier trennen und das Eiweiß mit dem Wasser steif schlagen.
Zucker unter ständigem Rühren einrieseln lassen, anschließend das Eigelb unterrühren. Mehl, Mohn und Backpulver mischen und vorsichtig mit der Eimasse vermengen.
Teig in eine mit Backpapier ausgelegte Springform füllen.
Sofort bei 180°- 200° Umluft ca. 20 Minuten bei Ober-/Unterhitze backen.

Den gut ausgekühlten Tortenboden einmal durchschneiden und mit der geschlagenen Sahne füllen. Das Marzipan zwischen Folie ausrollen und über die Torte ziehen. Anschließend nach Lust und Laune verzieren.

Tipp

Die Torte zweimal durchschneiden und zusätzlich mit Preiselbeermarmelade bestreichen.

Rezept Brigitte Kutz und Freundinnen
Wunde.r.punkt **KRÖTE 2**

Tante Minchens Ludwigsluster

Teig

250 g	Palmin
62 g	Butter/Margarine
250 g	Zucker
6	Eigelb
3 P	Vanillezucker
1 El	Zitronenschale
4 El	Rum
250 g	Mehl
62 g	Kartoffelmehl
62 g	Zitronat
62 g	gehackte Mandeln
4	Eiweiß

Guss

100 g	Puderzucker
2 El	Zitronensaft

Zubereitung

Palmin und Butter verflüssigen, mit Zucker, Eigelb, Vanillezucker, Zitronenschale und Rum cremig schlagen.
Mehl, Kartoffelmehl, Zitronat, gehackte Mandeln mischen und unterrühren.
Das Eiweiß steif schlagen und unterheben. Eine lange Kastenform fetten und den Teig hineinfüllen.
Bei 180° Umluft ungefähr 1 Stunde backen.

Den Puderzucker mit dem Zitronensaft glatt rühren und den erkalteten Kuchen damit überziehen.

Tipp

Hält sich lange in Alufolie oder in einer Kuchendose.

Rezept Catharina Voß

Ko(h)KüKä

Für Leute, die nicht backen können. Wie ich.

Teig

500 g	Magerquark
1	großer Topf Magerjoghurt
300 g	ungeschwefelte Rosinen
250 g	Aprikosenmarmelade oder andere Frucht

Zubereitung

Quark und Joghurt mit einem Quirl gut vermengen, Rosinen hinein und noch einmal gut verrühren.
Eine Springform mit Backpapier auslegen und die Hälfte der Quarkmasse hineingeben. Darauf ein Schicht Aprikosenmarmelade verstreichen, anschließend die zweite Hälfte der Quarkmasse einfüllen.
Bei 180° - 200° Umluft ungefähr 1 Stunde auf der mittleren Schiene backen.

Tipp

Selbst gemachte Aprikosenmarmelade: 500 g Aprikosen halbieren, entkernen. Mit 1 El Wasser 15 Minuten in die Mikrowelle. Fertig.

«Dieses Rezept entstand zu Zeiten, als wir Künsche noch als Wochenendsitz begriffen und kaum Vorräte im Haus hatten, aber unbedingt Käsekuchen essen wollten - nicht fett, alles ohne Zucker, für Diabetiker geeignet. Und siehe da...«

Rezept Eva Kohlrusch

Quark - Sahnetorte mit Mandeln

Teig

12	Zwiebäcke
200 g	Nussnougatglasur
1/2 Fl	Bittermandel - Aroma

Belag

12 Blatt	weiße Gelatine
1 kg	Magerquark
250 g	Zucker
1	unbehandelte Zitrone
2 P	Vanillezucker
1/8 l	Weißwein
600 g	Sahne
125 g	gehackte Mandeln
30 g	Mandelstifte

Deko

Ananas und Kirschen

Zubereitung

Zwieback fein zerbröseln. Nougat etwas zerkleinern und im Wasserbad sacht schmelzen. Zwiebackbrösel und Aroma hinzufügen und alles verkneten. Springformring auf eine Tortenplatte setzen, die Bröselmasse einfüllen und gut andrücken. Im Kühlschrank fest werden lassen.

Gelatine in kaltem Wasser einweichen. Quark, Zucker, Vanillezucker, abgeriebene Zitronenschale und -saft verrühren. Wein erwärmen, die ausgedrückte Gelatine darin auflösen und etwas abkühlen lassen. Erst etwas von der Quarkmasse in die Gelatine, dann alles in die Quarkmasse rühren. 500 g Sahne steif schlagen. Gehackte Mandeln und Sahne unter die Quarkmasse heben und auf den Bröselboden füllen. 4 - 5 Stunden kalt stellen.

100 g Sahne steif schlagen. Mandelstifte goldbraun rösten. Torte mit Sahnetuffs, Ananas und Kirschen verzieren und mit Mandelstiften bestreuen.

Rezept Das Team der Jugendwerkstatt Küsten

Vollkorn - Apfelkuchen

Teig		*Belag*	
125 g	Butter	1 kg	Äpfel
75 g	Akazienhonig	2	Eier
250 g	feines Dinkelvollkornmehl	125 g	Sahne
1 Prise	Meersalz oder SALINAS	1 El	Zitronenschale
3 - 4 El	Weißwein	1	Vanilleschote
		2 El	Honig

Zubereitung

Die Butter mit dem Honig schaumig rühren. Mehl, Salz und Wein abwechselnd in die Buttermischung rühren. Den Teig gut durchkneten und 60 Minuten kühl stellen. Eine gefettete Springform 28 cm mit dem Teig auslegen, am Rand etwa 3 cm hochdrücken.

Die Äpfel waschen, vierteln, das Kerngehäuse entfernen und an den Rundungen einritzen. Mit der Rundung nach oben auf den Tortenboden setzen und etwa 30 Minuten im vorgeheizten Backofen bei 180° - 200° Umluft backen.

Inzwischen die Eier trennen, Eigelb mit Sahne, Zitronenschale und dem Vanillemark schaumig rühren. Eiweiß steif schlagen, Honig unterheben und unter die Eigelbmasse ziehen. Die Masse auf den Äpfeln verteilen und den Kuchen noch einmal etwa 10 Minuten bei 180° backen.

Rezept Leony Renk

Crunchy Käsekuchen oder »Loger Sonne«

Teig

100 g	Vollkornkekse
60 g	Butter

Füllung

500 g	Ricotta, ersatzweise Quark 20%
4	Eier
50 g	Zucker
100 g	Schlagsahne
1 P	Vanillepuddingpulver
1	Zitrone
1 Prise	Salz
1 Glas	Sauerkirschen

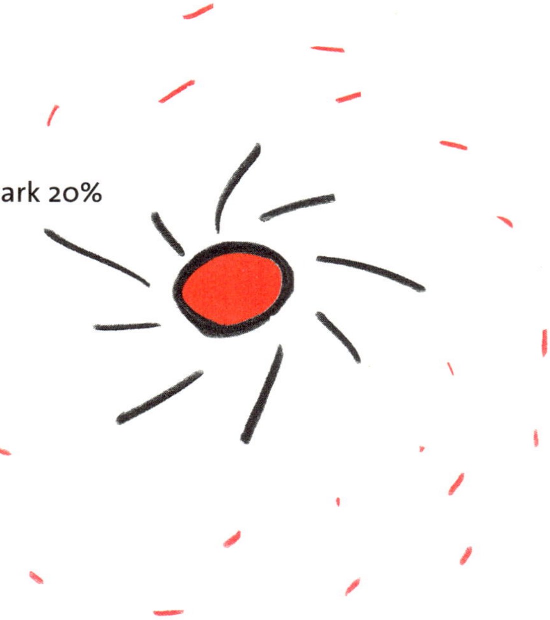

Belag

50 g	Butter
50 g	Zucker
100 g	Sahne
100 g	Sonnenblumenkerne

Zubereitung

Kekse zerbröseln und mit der geschmolzenen Butter verkneten. Eine gefettete Springform damit auslegen und einen Rand bilden.
Eier trennen und das Eiweiß mit Salz steif schlagen.
Ricotta, Eigelb, Sahne, Puddingpulver, Saft einer Zitrone und Zucker schaumig schlagen. Dann den Eischnee und die abgetropften Kirschen unterheben und die Masse auf dem Boden verteilen.
Butter zerlassen, den Zucker darin auflösen, Sahne angießen, aufkochen und die Sonnenblumenkerne hinzufügen. Abkühlen lassen und auf die Käse - Kirsch - Füllung geben.
Bei 150° Umluft etwa 60 Minuten backen.

Rezept Tilla Lang

Mutters Quarktorte

Teig		*Füllung*	
125 g	Butter	125 g	Butter
250 g	Mehl	750 g	Quark
125 g	Zucker	250 g	Zucker
3 El	Zitronensaft	5	Eier
1 P	Vanillezucker	1 P	Vanillepuddingpulver
1/2 P	Backpulver		

Zubereitung

Aus den Teigzutaten Streusel herstellen. Gut die Hälfte davon in eine gefettete Springform geben und andrücken.
Die Eier trennen. Butter, Zucker und Eigelb gut verrühren, den Quark und das Vanillepuddingpulver dazugeben und alles miteinander vermischen.
Das Eiweiß steif schlagen und unterheben. Die Quarkmasse auf die Streusel geben und die restlichen Streusel darüber streuen.
Backzeit etwa 45 Minuten bei 180° Umluft.

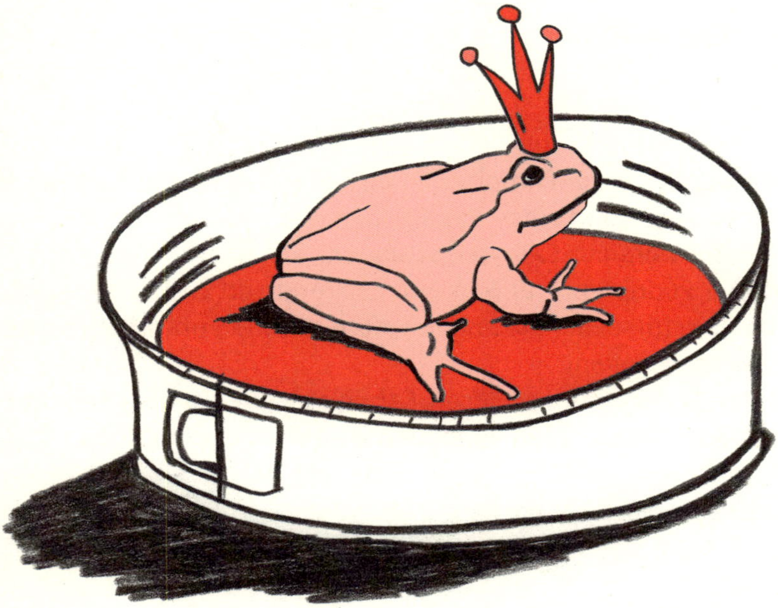

Rezept Dorle Gehrke

Rhabarberkuchen mit Baiser

Teig

250 g	Butter/Margarine
100 g	Zucker
1 P	Vanillezucker
1 Prise	Salz
1	Ei
250 g	Weizenmehl
2 1/2 Tl	Backpulver

Belag

1 1/2 kg	Rhabarber

Baiser

3	Eiweiß
150 g	Zucker

Zubereitung

Das weiche Fett, Zucker und Salz cremig schlagen. Das Ei hinzufügen und alles solange auf höchster Stufe rühren, bis sich der Zucker vollständig gelöst hat.
Mehl und Backpulver mischen, sieben und esslöffelweise unterrühren.
Den Rührteig auf ein gefettetes Backblech streichen, vor den Teig einen mehrfach geknickten Streifen Alufolie legen.
Den Rhabarber waschen, in Stücke schneiden, nicht abziehen und gleichmäßig auf dem Teig verteilen.
Bei 175° - 200° Umluft etwa 25 Minuten backen.

Das Eiweiß sehr steif schlagen, dabei den Zucker nach und nach hinzufügen.
Die Baisermasse auf den Rhabarber streichen, erneut in den Backofen schieben und bei 200° Umluft in etwa 8 Minuten goldbraun werden lassen.

Rezept Rita & Astrid & Rosi

Buttermilchkuchen

Teig

3	Tassen Mehl
2	Tassen Zucker
125 g	Butter/Margarine
2	Eier
1 Tl	Natron
3 El	Kakao
1 1/2	Tassen Buttermilch

Buttercreme

250 g	Butter
1/2 l	Milch
1 P	Vanillepuddingpulver
2 El	Zucker

Krokant

200 g	Kokosraspel oder gehackte Mandeln
125 g	Butter
1 El	Zucker

Zubereitung

Einen Rührteig nach Grundrezept herstellen, auf ein gefettetes Backblech streichen und etwa 20 Minuten bei 175° Umluft backen.
Den Vanillepudding nach Anweisung kochen und erkalten lassen.
Die Butter schaumig rühren, den Pudding löffelweise unterrühren und diese Masse auf dem abgekühlten Kuchen verteilen.
Die Kokosraspel oder Mandeln mit dem Zucker in der Butter anrösten, abkühlen lassen und auf der Buttercreme verteilen.

Rezept Renate Zahlaus

Schlabbertorte oder Joghurt-Kirsch-Torte

Teig

3	Eier
1 Prise	Salz
75 g	Zucker
40 g	Butter
40 g	Speisestärke
30 g	Mehl
1 Tl	Zitronenschale

Guss

150 ml	Kirschsaft
2 Blatt	rote Gelatine

Belag

2 Gläser	Sauerkirschen
2 P	Sahnepuddingpulver
4 - 5 El	Zucker
14 Blatt	weiße Gelatine
500 g	Sahnequark
500 g	Vanillejoghurt
75 g	Zucker
2 P	Vanillezucker
500 g	Schlagsahne

Zubereitung

Eiweiß und Salz steif schlagen. Den Zucker langsam einrieseln lassen, dabei weiter schlagen. Die geschmolzene und abgekühlte Butter zusammen mit dem Eigelb unter den Eischnee rühren. Speisestärke, Mehl und Zitronenschale locker unter die Eicreme heben. Den Teig auf ein kleines mit Backpapier ausgelegtes Backblech geben und im vorgeheizten Backofen bei 170° Umluft ca. 15 Minuten backen.

Kirschen abtropfen lassen, 150 ml Saft abmessen und auf die Seite stellen. Mit dem restlichen Saft und dem Zucker einen Pudding nach Vorschrift herstellen.
Die Kirschen in den Pudding geben, nochmals kurz aufkochen und dann abkühlen lassen. Biskuitboden auf eine Platte legen und einen festen Rahmen darum herum stellen. Mit Backpapier auslegen, damit die Füllung nicht ausläuft.
Die erkaltete Pudding-Kirschenmasse auf den Biskuitboden streichen.
Gelatine in kaltem Wasser einweichen. Währenddessen Quark, Vanillejoghurt, Zucker und Vanillezucker verrühren. Die Gelatine ausdrücken und bei kleiner Hitze im Wasserbad auflösen. Mit etwas Quark-Joghurtcreme verrühren und unter die Creme schlagen. Die Creme kalt stellen und bevor sie fest ist, die geschlagene Sahne unterheben. Diese Masse auf den Puddingkirschen verteilen. Die Oberfläche wellenförmig verstreichen. Die Torte mindestens 4 Stunden kalt stellen.
Für den Guss die rote Gelatine in etwas kaltem Wasser einweichen, mit einigen Löffeln warmem Kirschsaft auflösen, abkühlen lassen und auf die Creme gießen. Nach Belieben weiter verzieren. Es sieht toll aus, wenn die Torte mit frischen Kapuzinerkresseblüten verziert wird.
»Die Zubereitung hört sich sehr kompliziert an, ist aber einfacher als man denkt. Bei uns ist dieser Kuchen der Höhepunkt jeder Geburtstagsfeier.«

Rezept Brigitte Sauer

Wir baXen uns unseren Energieversorger selbst !!!

Zutaten, mit denen Du jede/n mürbe (-teig) machst:

200 g	echtes, kraftspendendes, wendländisches Vollkornweizenmehl
2 Tl	hochwirksames, aber völlig ungefährliches Backpulver à la Merkel VorXsichtig, niX verschütten !!!
75 g	ZuXer oder AgavendiXsaft nach GeschmaX
100 g	Butter von freien, wendländischen Kühen
1	ovales Wurfgeschoß des wendländischen Federviehs
2 El	von außerhalb angereisten, gemahlenen Haselnüssen

Alle Zutaten gut verkneten, bis ein handliches Wurfgeschoß entsteht. Dieses mindestens 30 Minuten in den atomstromfrei betriebenen Kühlschrank legen. Eine militante, mit Springmechanismus ausgestattete Kuchenform fetten und mit von außerhalb angereisten, gemahlenen Haselnüssen ausstreuen. Den Kraftteig zu 2/3 auf dem Boden verteilen. Aus dem restlichen TeiX einen Befestigungswall formen. Dieser dient als Schutz vor Angriffen von Innen und Außen.
Man muss das Volk schließlich vor sich selbst schützen !!!

Nun gib ihm Saures - aber reichlich! Die volle Packung !!!

8 - 12 wendländische Rhabarberknüppel oder 1 Dose ApriXosen in Stücke schneiden und auf dem TeiX verteilen.

EXtrembelag

100 g	grob gemahlene, angereiste vermummte Mandeln
50 g	grob gemahlene, auswärtige, energiegeladene Haselnüsse
75 g	ZuXer oder ausländiXschen Agavendicksaft nach GeschmaX
200 ml	wendländische Sahne (-stüXchen)
1	ovales Wurfgeschoß des wendländischen Federviehs

Hier wird jede/r integriert, niemand intrigiert und durch die Vermengung entsteht ein süßlicher, energiegeladener Brei. Diese Mischung aus auswärtigen und einheimischen Früchtchen geben wir über die Rhabarberknüppel.
Damit die Konsistenz stimmt, wird die Sache bei 180° - 200° Umluft aufgeheizt. Dazu blockiert der Kuchen den atomstromfrei betriebenen Ofen.
Nach 50 - 60 Minuten verlässt er diesen Ort freiwillig, um sich selbstverständlich anderweitig zu setzen.

Tipp

Warm oder kalt mit friXer, geschlagener Sahne - ein Gedicht! Die volle Power des Widerstandes !!!

Rezept Constanze Schrader

Zimtschnecken

Teig		*Füllung*	
1 kg	Weizenmehl	150 - 200 g	Butter
200 g	Butter	150 g	Zucker
150 g	Zucker	4 El	Zimt
2 P	Trockenhefe		
2 El	Zimt		
1/2 l	lauwarme Milch		
2	Eier		

Zubereitung

Das Rezept ergibt etwa 35 - 40 Zimtschnecken.
Aus den Teigzutaten einen Hefeteig herstellen und etwa 1 Stunde gehen lassen.
Den Teig ausrollen, mit 2/3 der flüssigen Butter bestreichen und mit 2/3 Zucker und Zimt bestreuen. Den Teig zu einer dicken Rolle formen.
Die Rolle in etwas 2,5 cm dicke Scheiben schneiden und auf ein mit Backpapier ausgelegtes Backblech legen. Mit der restlichen flüssigen Butter bestreichen und mit Zucker und Zimt bestreuen.
Bei 50° im Backofen ungefähr 30 Minuten gehen lassen, dann bei 180° Umluft ca. 20 - 25 Minuten backen.

Tipp

Nach Belieben können 200 g Rosinen in den Teig geknetet werden.

..... DAS SIEHT HIER ABER SEHR NACH EINER SCHNECKENPLAGE AUS ...

Rezept Birgitt Zahlmann

Ranzauer Blechkuchen

Teig

4	Tassen Mehl
2 - 3	Tassen Zucker
2	Tassen Buttermilch
4	Eier
1 P	Vanillezucker
1 P	Backpulver

Belag

200 g	Butter
200 g	Kokosraspel

Zubereitung

Die Zutaten für den Teig miteinander verrühren und auf ein gefettetes Backblech streichen.
Bei 175° Umluft etwa 20 Minuten backen.

Für den Belag die zerlassene Butter mit Kokosraspeln vermengen und auf den gebackenen Kuchen streichen.

Rezept Brigitte Landkammer

Ozeantorte

Teig

125 g	Butter/Margarine
80 g	Zucker
4	Eigelb
1	Vanillezucker
150 g	Mehl
2 Tl	Backpulver
3 El	Milch

Belag

4	Eiweiß
200 g	Zucker
50 g	Mandelblättchen

Füllung

1/4 l	Zitronen- und Orangensaft
80 g	Zucker
3 Tl	Speisestärke
2 Becher	Sahne

Zubereitung

Aus den Teigzutaten einen Rührteig nach Grundrezept herstellen, halbieren und auf zwei mit Backpapier ausgelegte Springformen streichen.
Eiweiß mit Zucker steif schlagen und auf den Teigen verteilen.
Mit Mandelblättchen bestreuen.
Bei 160° - 180° Umluft etwa 30 Minuten backen.

Saft mit Zucker aufkochen, Speisestärke mit etwas kaltem Wasser anrühren und den Saft damit andicken.

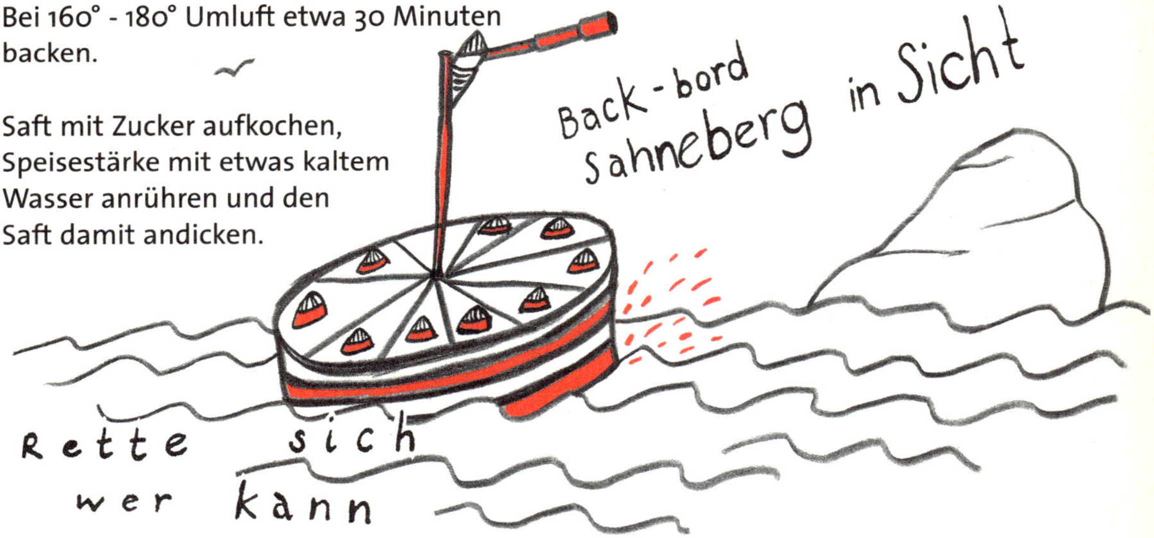

Sahne schlagen, den abgekühlten Saft unter die Sahne ziehen und auf einen abgekühlten Boden streichen, den zweiten Boden darauf legen.
Nach Bedarf mit Puderzucker bestäuben.

Tipp

Man kann auch angedickte Stachelbeeren oder Rhabarberkompott unter die Sahne ziehen.

Rezept Martina Schrader und Anne Przyklenk-Hadel

Mohnkuchen vom Blech

Teig

150 g	Butter/Margarine
150 g	Zucker
200 g	Mehl
3	Eier
2 Tl	Backpulver

Mohnmasse

125 g	Butter/Margarine
1/2 l	Milch
125 g	Zucker
65 g	Grieß
200 - 250 g	gemahlenen Mohn

Streusel

200 g	Butter
200 g	Zucker
250 g	Mehl

Zubereitung

Die Zutaten für die Mohnmasse in einen Topf geben, alles zusammen unter Rühren aufkochen lassen und zum Abkühlen beiseite stellen.

Einen Rührteig nach Grundrezept herstellen und auf ein gefettetes Backblech streichen.
Unter die abgekühlte Mohnmasse 2 Eier heben und auf dem Teig verteilen.
Aus Butter, Zucker und Mehl Streusel herstellen und darüber streuen.
Bei 175° Umluft etwa 45 Minuten backen.

Rezept Margret Schulz

Schmandkuchen

Teig

200 g	Butter
200 g	Zucker
4	Eier
1 Prise	Salz
200 g	Mehl
2 Tl	Backpulver

Belag

3/4 l	Milch
2 P	Vanillepuddingpulver
125 g	Zucker
3 Becher	Schmand
2 Glas	Sauerkirschen

Guss

1/2 l	Kirschsaft
2 P	Tortenguss rot

Zubereitung

Aus den Zutaten für den Teig einen Rührteig nach Grundrezept herstellen und auf ein gefettetes Backblech streichen. 10 - 15 Minuten bei 200° Umluft backen.

In der Zwischenzeit aus 3/4 l Milch, 2 Päckchen Vanillepuddingpulver und 125 g Zucker einen Pudding kochen. Unter den noch warmen Pudding 3 Becher Schmand heben und die Masse auf den vorgebackenen Kuchen streichen.
Die Kirschen abtropfen lassen und darauf verteilen.
Noch einmal für ca. 15 Minuten bei 200° Umluft backen.

Tortenguss herstellen und über den erkalteten Kuchen geben.

Tipp

Statt der Kirschen TK - Früchte verwenden.

Rezept Sonja Röhlke

Quarktorte »Traudl«

Teig		*Füllung*	
250 g	Mehl	125 g	Butter/Margarine
125 g	Zucker oder Fruchtzucker	250 g	Zucker oder Fruchtzucker
125 g	Butter/Margarine	1 El	Grieß
1	Eigelb	4	Eier
1 Tl	Zitronenschale	1	Eiweiß
1 P	Vanillezucker	4 El	Zitronensaft
1/2 P	Backpulver	750 g	Quark
		1	Vanillezucker

Zubereitung

Aus den Teigzutaten Streusel herstellen, davon gut die Hälfte in eine gefettete Springform geben, einen Rand formen und andrücken.
Die Zutaten für die Quarkmasse miteinander verrühren und auf den Streuselboden streichen, die restlichen Streusel darüber streuen.
Bei 180° etwa 30 - 40 Minuten backen.

Rezept Elisabeth Jung-König

Nougatkuchen

Teig

100 g	Zwieback
150 g	gemahlene Mandeln
1 Tl	Backpulver
150 g	Butter
150 g	Zucker oder Honig
1 Msp	Vanillepulver
1 Prise	Salz
150 g	Nougatmasse
5	Eier

Guss

150 g	Nougatmasse
1 Würfel	Palmin
25 g	Butter

Deko

3 El	Puderzucker
etwas	Wasser

Zubereitung

Butter, Zucker und Vanillepulver schaumig schlagen, nach und nach die Eier unterrühren. Die geschmolzene Nougatmasse unter Rühren hinzufügen. Zwieback fein reiben. Den geriebenen Zwieback, Mandeln, Backpulver und Salz mischen und mit der Ei-Nougatmasse verrühren. In eine gefettete kleine Kastenform füllen und 40 - 50 Minuten bei ungefähr 180° Umluft backen.

Palmin und Butter schmelzen, die Nougatmasse dazugeben, verrühren und als Guss auf den erkalteten Kuchen streichen. 3 Esslöffel Puderzucker mit wenig Wasser zu einem spritzbaren Guss glatt rühren und den Kuchen damit beliebig verzieren.

Rezept Edith Neddens

Zupftorte

Teig		*Füllung*	
300 g	Mehl	150 g	Butter
40 g	Kakao	150 g	Zucker
3/4 P	Backpulver	500 g	Quark 20%
200 g	Butter	3	Eier
150 g	Zucker	1 P	Vanillepuddingpulver
1	Ei	1 P	Vanillezucker

Zubereitung

Aus den Teigzutaten einen Mürbeteig kneten und eine 1/2 Stunde ruhen lassen. Währenddessen die Füllung vorbereiten. Dazu die Butter mit dem Zucker schaumig rühren, den Quark mit den Eiern hinzufügen und zum Schluss das Vanillepuddingpulver mit dem Vanillezucker unterrühren.
2/3 des Teiges in eine gefettete Springform füllen und einen Rand hochziehen. Die Quarkmasse auf den Teig geben und verstreichen. Den restlichen Mürbeteig darüber »zupfen«.
Backzeit ca. 45 - 60 Minuten bei 175° Umluft.

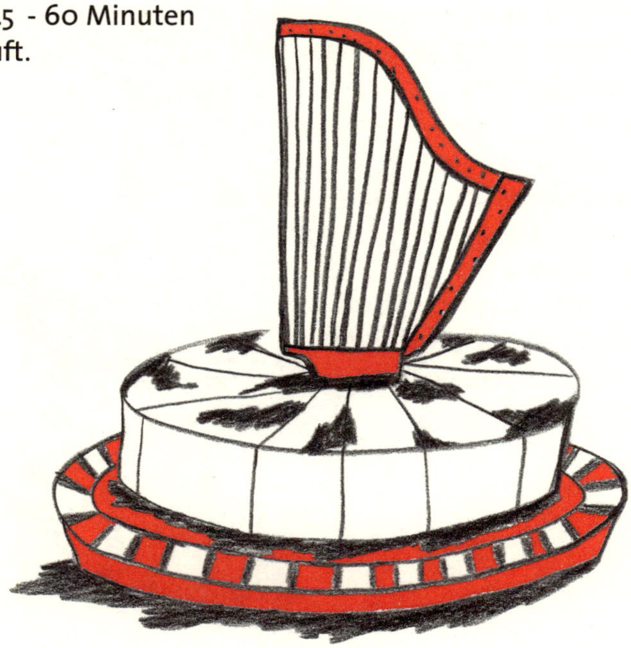

Rezept Erika Schmeling-Krause

Russischer Apfelkuchen

Teig

200 g	Butter
200 g	Zucker
4	Eier
100 g	Mehl
125 g	gehackte Mandeln
125 g	gehackte Haselnüsse
1 Tl	Zimt
3 Tl	Kakao
1 P	Backpulver
4	mittelgroße Äpfel

руский яблочны пирог от Светланы из Чернобыль

Zubereitung

Butter, Zucker und Eier schaumig rühren. Die restlichen Zutaten nach und nach dazugeben und alles gut miteinander vermischen. Die Äpfel schälen, in Stückchen schneiden und unter den Teig heben.
Teig in eine Kastenform füllen und bei 175° Umluft ca. 60 Minuten backen.

»Hier in Schreyahn wird der russische Apfelkuchen sehr gern gegessen.
Wir haben das Rezept von unserem Tschernobyl - Ferienkind Svetlana übernommen, das uns damit beglückt hat. Leider gibt es keine ganz genauen Maßangaben.
Der Kuchen ist sehr lecker und gelingt immer!«

очень вкусно
спасибо

Rezept Inge Grasnick

Aprikosen - Quarktarte

Teig

125 g	Butter
100 g	Rohrzucker
2	Eier
1 El	Zitronenschale
1/2 P	Vanillepuddingpulver
1 Tl	Backpulver
3 El	Grieß
500 g	Quark
2 El	Mandelblättchen

Belag

6 - 10	Aprikosen, je nach Größe
4 El	Mandelblättchen

Zubereitung

Die Eier trennen. Butter, Zucker, Eigelb und Zitronenschale schaumig rühren. Puddingpulver mit Grieß und Backpulver vermischen und unterrühren, dann den Quark zugeben. Das Eiweiß steif schlagen und unter die Quarkmasse heben. Eine Tarte- oder Springform gut einfetten und mit Mandelblättchen bestreuen. Die Quarkmasse hineingeben und darauf die halbierten, entsteinten Aprikosen verteilen, nach Belieben mit Mandelblättchen bestreuen.
Bei 180° Umluft ca. 45 Minuten backen, der Kuchen sollte etwas braun sein.

Tipp

Zum Bestreuen in der Form eignen sich auch Weizenvollkornmehl, Semmelbrösel, Sesam, Kokos oder fein gekrümelte Amarettis.

Rezept Ela Henke

Mandelkuchen vom Blech

Teig

1 Becher	Schlagsahne - der Becher gilt als Maß
1 Becher	Zucker
1 P	Vanillezucker
1 Prise	Salz
4	Eier
2 Becher	Mehl
1 P	Backpulver

Belag

125 g	Butter
1 Becher	Zucker
4 El	Milch
200 g	Mandelblättchen
1 P	Vanillezucker

Zubereitung

Aus den Teigzutaten einen Rührteig nach Grundrezept herstellen.
Den Teig auf ein gefettetes Backblech geben und bei 180° Umluft etwa 15 Minuten vorbacken.
Für den Belag die Butter im Topf erhitzen und mit den restlichen Zutaten verrühren.
Die Mischung auf den vorgebackenen Kuchen geben.
Bei gleicher Temperatur weitere 10 - 15 Minuten backen.

Tipp

Schmeckt warm, aber auch am nächsten Tag - mit oder ohne Sahne!
Super einfach!

Rezept Verena Holzhauser
Wunde.r.punkt **Teplingen**

CASTORKUCHEN

Teig

3	Eier
200 g	Butter
180 g	Zucker
500 g	Weizen- oder Dinkelmehl
1 P	Vanillezucker
500 g	geraspelte Möhren
125 g	gemahlene Mandeln

Zubereitung Wir backen uns einen castor[R]

Damit ein jeder sein Fett abkriegt, sollte die Butter zuerst sahnig gerührt werden, dann nach und nach Zucker hinzu. Wer das zähe Schwarz von Sirup liebt oder etwas Honig um den Bart möchte, der ersetzt die raffinierte Süße des Weißzuckers. Vor der Wahl (der Zutaten) sind auch Süßholzraspler gefragt.
Für unseren castor[R] sind faule Eier unangebracht. Schaumig rührend geben wir - frische, freilaufende und glückliche - Eier hinzu.

Besondere Beachtung schenken wir dem Backpulver. Nicht, dass wir es mit Plutonium verwechseln würden: Dazu braucht man oder frau bekanntlich den Doktorgrad der Physik. Backpulver darf nicht direkt mit Flüssigkeit in Berührung kommen. Darum verteilen wir es in das Mehl, mischen es unter und sieben es durch; ganz so, wie die Atomindustrie unangenehme Tatsachen zerstäubt.
Nach und nach verrühren wir das Backmehl mit den restlichen Zutaten, so dass sich fast nichts mehr auseinander halten lässt. Vorsicht allerdings vor Castor-Bäckern mit 'hoher Fachkompetenz'! Bei ihnen sollten wir dafür sorgen, dass sie ihre Zutaten selbst verspeisen:
Entsorgung von Entsorgern - statt dass sie uns sorgen.

Rezept Horst Baumhauer

Nun geben wir die Masse in die gut gefettete castorR form. Eine einfache Kuchenform aus Blech ist angemessen und sicher. Keinesfalls verwenden wir eine aus brüchigem Gussstahl! Es macht nix, wenn ein bisschen oder ein bisschen mehr vorbei geht.
Da unser Backpulver nicht strahlt, schieben wir den castorR ins vorgeheizte Zwischenlager:

...HMMM...DER CASTOR KOMMT...

175° beim Umluftherd, sonst 185°.
Auf sauberen Strom haben wir ja längst schon umgestellt.
Nach ca. 50 Minuten (nicht erst nach unserem Ableben) holen wir das heiße Eisen selbst heraus und haben einen wunderbar duftenden castorRkuchen in den Händen.

Tipp
Das eingetragene RealitätskennzeichenR und das kleine 'c' stehen für unseren friedlichen Umgang mit Rohstoffen und Energie.

SCHMUCKE BÄCKERGESELLEN SCHÜTZEN DEN CASTORKUCHEN

Stopp - Schokolade

Teig

1	Becher Zucker
200 g	Butter
250 g	gehackte dunkle Schokolade
80 ml	heißes Wasser
1 2/3	Becher Mehl
2 1/2 Tl	Backpulver
1/3	Becher Kakao
3	Eier

Glasur

200 g	gehackte dunkle Schokolade
100 g	Butter
2 El	Sahne

Deko

100 g	geriebene Schokolade

Zubereitung

Zucker, Butter, Schokolade und Wasser unter Rühren erhitzen, vom Herd nehmen und mit den restlichen Zutaten gut verrühren. Den Teig in eine Springform geben und ca. 1 1/2 Stunden bei 175° Umluft backen.

Die Zutaten für die Glasur bei schwacher Hitze schmelzen und über den erkalteten Kuchen geben. Anschließend mit geriebener Schokolade bestreuen.

SÄMTLICHE SCHOKOLADE IST HIER UND SOFORT ABZUGEBEN !!

Rezept Bettina Kunter

Kokoskuchen

Teig

4	Tassen Mehl, 2 Vollkornmehl, 2 helles Mehl
1 1/2	Tassen brauner Zucker
2	Tassen Buttermilch
2 P	Vanillezucker, kein Vanillin
2 P	Weinstein-Backpulver
2	Eier

Belag

2	Tassen Kokosraspel
1	Tasse brauner Zucker
1 P	Vanillezucker

Guss

2	Becher Sahne

Zubereitung

Einen Rührteig nach Grundrezept herstellen und auf ein mit Backpapier ausgelegtes Backblech streichen. Die Belagzutaten trocken mischen und auf den Teig streuen.
Bei 180° Umluft etwa 1/2 Stunde backen.

Auf den noch heißen Kuchen 2 Becher ungeschlagene Sahne gießen, den Kuchen im Ofen abkühlen lassen.

Rezept Franziska Nitschke

Heidjer - Torte

Teig

60 g	geriebene Haselnüsse
100 g	Buchweizenmehl
50 g	Speisestärke
6	Eier
4 El	Wasser
1 Prise	Salz
150 g	Zucker

Preiselbeerkompott

500 g	Preiselbeeren
375 g	Zucker
5 cl	Cognac oder Weinbrand

Füllung

750 g	Sahne
2 P	Vanillezucker

Deko

geraspelte bittere Schokolade

Zubereitung

Preiselbeeren verlesen, waschen und gut abtropfen lassen. Den Zucker mit 1/8 l Wasser zum Kochen bringen und sirupartig einkochen. Preiselbeeren in den kochenden Sirup geben, einmal aufkochen und erkalten lassen.
Mit Cognac begießen und über Nacht durchziehen lassen.
Nüsse in einer trockenen Pfanne ohne Fett unter Rühren solange rösten, bis sie duften, auskühlen lassen. Eier trennen, Eigelb mit 4 El warmem Wasser, Salz und Zucker schaumig rühren, Eiweiß steif schlagen und darauf geben. Mehl und Speisestärke gut mischen. Zusammen mit den Nüssen vorsichtig unter die Eimasse heben.
Teig in eine gefettete Springform füllen und im vorgeheizten Backofen bei 175 °- 200° Umluft auf der mittleren Einschubleiste 30 - 40 Minuten backen. Auf ein Gitter stürzen und kalt werden lassen.

Den Tortenboden zweimal durchschneiden und die untere Teigplatte wieder in die Springform zurückgeben. Preiselbeeren mit einer Schaumkelle aus dem Sud heben, etwas abtropfen lassen und eine Schicht auf den unteren Boden geben. 500 g Schlagsahne mit Vanillezucker schlagen und die Hälfte davon auf die Preiselbeeren streichen. Mit dem 2. Boden bedecken, auf diesen wiederum eine Schicht Preiselbeerkompott geben und die restliche Sahne darüber streichen. Den oberen Boden darauf legen und leicht andrücken.
Mindestens 1 Stunde in den Kühlschrank stellen.
Torte aus der Springform nehmen. Die restliche Sahne steif schlagen und die Torte damit bestreichen. Mit dem Löffelrücken Dellen in die Sahne drücken, mit Preiselbeeren garnieren.
Wer will, raspelt noch bittere Schokolade darüber.

Rezept Uwe Bartholomäus, Chefkoch der Trebeler Bauernstuben

Rezepte der Sympathisanten

Marlenes Aprikosen-Quarkkuchen vom Blech

Teig

375 g	Mehl
100 g	Butter/Margarine
75 g	Zucker
1	Ei
1 P	Backpulver
1 P	Vanillezucker
5 El	Milch

MARLENE IN CONCERT
AUSVERKAUFT!

Belag

1 kg	Quark
150 g	Zucker
1	Ei
1 P	Vanillesoßenpulver
2 El	Zitronensaft
2	große Dosen Aprikosen

»... ICH BIN VON KOPF BIS FUSS AUF SÜSSES EINGESTELLT... «

Streusel

250 g	Butter
200 g	Zucker
300 g	Mehl

Zubereitung

Aus den Teigzutaten einen Knetteig herstellen und auf einem mit Backpapier ausgelegten Backblech ausrollen. Die Zutaten für den Belag, bis auf die Aprikosen, gut miteinander verrühren und auf den Teig streichen.
Anschließend die Aprikosen auf der Quarkmasse verteilen.
Butter, Zucker und Mehl zu Streuseln verarbeiten und über den Belag krümeln.
Die Backzeit beträgt etwa 35 - 45 Minuten bei 180° - 200° Umluft.

»... DENN DAS IST MEINE WELT! «

Rezept Marlene Becker

Saftiges Früchtekuchen - Dreierlei

Teig

300 g	Weizenmehl
1 P	Backpulver
150 g	Magerquark
100 ml	Milch
100 ml	neutrales Öl
70 g	Zucker
1 P	Vanillezucker
1 Prise	Salz

Belag

1 Glas	Pflaumen
1 Dose	Aprikosen
2	säuerliche Äpfel
200 g	Crème fraîche
2	Eier
2 P	Vanillezucker

Streusel

250 g	Weizenmehl
100 g	abgezogene, gehobelte Mandeln
150 g	Butter
150 g	Zucker
1/2 Tl	Zimt

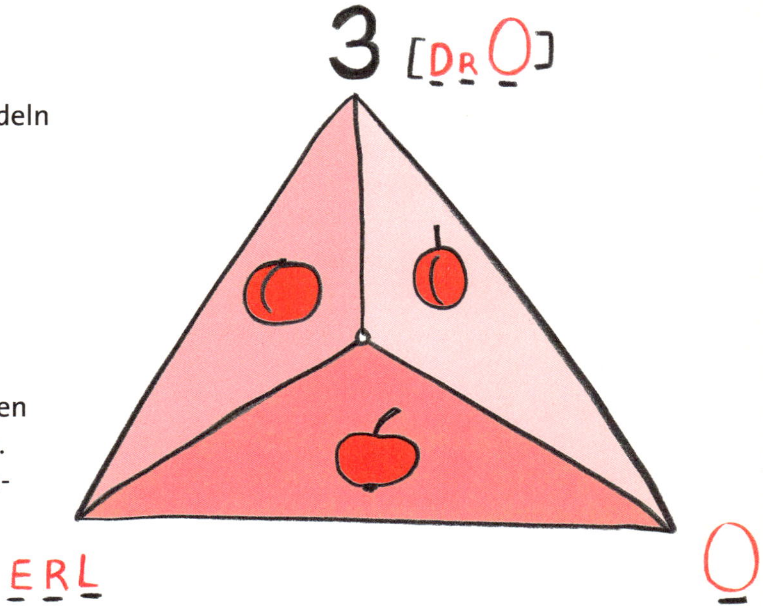

Zubereitung

Mehl mit Backpulver mischen und in eine Schüssel sieben. Die restlichen Zutaten dazugeben und alles schnell zu einem glatten Teig verkneten.

Auf einem mit Backpapier ausgelegten Backblech ausrollen.
Für den Belag Pflaumen und Aprikosen gut abtropfen lassen, Äpfel schälen und in Spalten schneiden. Crème fraîche, Eier und Vanillezucker verrühren, auf den Teig streichen. Im Wechsel je 2 Reihen Aprikosen, Pflaumen und Äpfel darauf legen.
Die Streuselzutaten feinkrümelig miteinander verkneten und auf dem Obst verteilen.
Bei 160° - 180° Umluft ungefähr 45 Minuten backen.

Tipp

Natürlich können auch frische Pflaumen oder Aprikosen verwendet werden.

Rezept Bertha Przyklenk

Dresdener Eierschecke

Teig

500 g	Mehl
50 g	Zucker
50 g	Butter/Margarine
1	Ei
1 Prise	Salz
1	Würfel Hefe
1/4 l	Milch

Belag

1 kg	Quark
4	Eier
1 P	Vanillepuddingpulver
2 El	Zitronensaft
150 g	Zucker

Schecke

1/4 l	Milch
125 g	Butter
2 El	Zucker
1 P	Vanillepuddingpulver
1 P	Vanillezucker
5	Eier

...IS MIT'M TÖPPL HEEßEN GAFFEE ÄSCHT LÄGGER!

Zubereitung

Aus den Teigzutaten einen Hefeteig nach Grundrezept zubereiten. Für die Schecke Milch, Butter, Zucker und Vanillezucker aufkochen und mit dem angerührten Puddingpulver zu einem Pudding kochen, abkühlen lassen.
Den Hefeteig ausrollen, auf ein Backblech/Fettpfanne legen und 30 Minuten gehen lassen.
Für den Belag Quark, Eier, Puddingpulver, Zitronensaft und Zucker miteinander verrühren und auf den Boden streichen.
Für die Schecke die Eier trennen und das Eiweiß steif schlagen. Unter die erkaltete Puddingmasse 5 Eigelb rühren. Anschließend den Eischnee vorsichtig unterheben. Die Masse auf den Quark gießen.
Bei 170° Umluft ca. 50 - 60 Minuten backen.

Tipp

Rosinen in der Quarkmasse verfeinern den Geschmack!

Rezept Heidi Krammisch

Svenska Äppelkaka

Teig

200 g	Butter
250 g	Zucker
100 g	Marzipanrohmasse
8 El	Schlagsahne
6	Eier
300 g	Mehl
1 P	Backpulver
1 Prise	Salz
100 g	Mandelblättchen
1 kg	Äpfel

Deko

etwas	Puderzucker

Zubereitung

Die weiche Butter und den Zucker aufschlagen, bis sich der Zucker gelöst hat. Marzipan mit Sahne verkneten und löffelweise mit der Butter-Zucker-Mischung verrühren.
Die Eier nach und nach zugeben. Mehl, Backpulver und eine Prise Salz mischen und langsam unter die Masse rühren. Die Hälfte der Mandelblättchen vorsichtig unterheben und den Teig gleichmäßig auf ein gefettetes, tiefes Backblech streichen.

Die Äpfel schälen, vierteln, entkernen und mit einem Messer vier- bis fünfmal einritzen. Die Äpfel gleichmäßig in den Teig setzen und im vorgeheizten Backofen bei 175° Umluft etwa 15 Minuten auf mittlerer Schiene vorbacken.
Die restlichen Mandelblättchen darüber streuen und weitere 25 Minuten backen.

Tipp

Den Kuchen vor dem Servieren mit Puderzucker bestäuben und mit geschlagener Vanillesahne servieren.

Rezept Susanne Havemeister
Hovås/Göteborg

Johannisbeer - Baisertorte

Köstliche Versuchung - Knisternder Kuss - Fruchtige Überraschung - Vielfältige Sommerfreude

Teig

250 g	Mehl
1 Tl	Backpulver
130 g	Zucker
1 Prise	Salz
1 El	Zitronenschale
150 g	Butter
4	Eigelb

Belag

500 g	rote Johannisbeeren oder TK Johannisbeeren
400 ml	Milch
1 P	Vanillepuddingpulver
2 El	Zucker
1 Prise	Salz

Baiser

4	Eiweiß
200 g	Puderzucker
1 Prise	Zimt
1 P	Vanillezucker

Zubereitung

Die Teigzutaten nach Grundrezept zu einem Knetteig verarbeiten und in eine Springform drücken, dabei einen kleinen Rand hochziehen.
Im vorgeheizten Backofen bei 180° Umluft ungefähr 20 - 25 Minuten vorbacken.

Johannisbeeren waschen und entstielen, gut abtropfen lassen. Aus Milch, Puddingpulver, Zucker und Salz einen Pudding kochen, abkühlen lassen.
Eiweiß steif schlagen, Puderzucker und Zimt unter Rühren einrieseln lassen und cremig schlagen.
Auf den vorgebackenen Boden zuerst den Pudding streichen, darauf die Johannisbeeren verteilen und die Baisermasse darüber geben.
Nochmals 40 Minuten bei 160° - 170° Umluft backen.

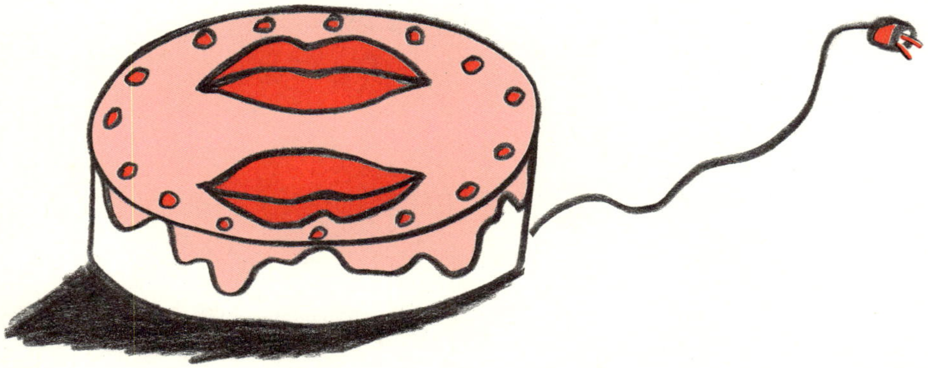

Rezept Steffi Hadel

Cheesecake

Teig

250 g	Löffelbiskuit
175 g	Butter

Belag

200 g	Doppelrahm-Frischkäse
250 g	Magerquark
100 g	Zucker
1	Zitrone
1 P	Götterspeise Zitrone
1/4 l	Wasser
2 P	Vanillezucker
300 g	Sahne

Zubereitung

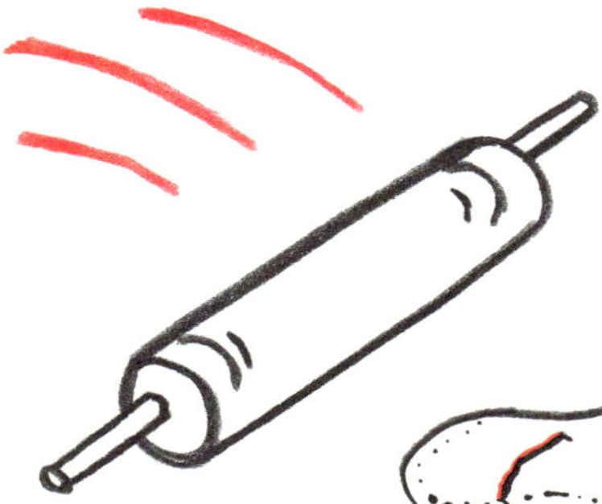

Löffelbiskuits in einem Gefrierbeutel mit dem Nudelholz fein krümeln und mit der weichen Butter zu Streuseln verkneten.

Einen Tortenrand auf eine Tortenplatte setzen, die Streusel hineingeben und fest andrücken. Den Saft der Zitrone und die abgeriebene Zitronenschale mit Doppelrahm-Frischkäse, Quark und Zucker glatt rühren.

Die Götterspeise mit 1/4 l Wasser und Vanillezucker nach Anweisung herstellen, etwas abkühlen lassen und mit der Frischkäsecreme verrühren, kalt stellen. Kurz bevor die Masse geliert, die Sahne schlagen und unterheben. Die Masse auf dem Boden verteilen und 2 - 3 Stunden kühl stellen. Beliebig dekorieren.

Tipp

Super toll - einen Tortenrand um den Cheesecake setzen, einen Spiegel aus Zitronengötterspeise auf die Torte gießen, fest werden lassen und mit Pistazien und Sahne dekorieren.

Rezept Mareike Groth-Becker

Blubberkuchen mit Blaubeeren

Teig

4	Eier
250 g	Zucker
1 P	Vanillezucker
125 ml	Speiseöl
150 ml	Mineralwasser oder Limonade
250 g	Weizenmehl
3 Tl	Backpulver

Belag

2 Gläser	Blaubeeren
400 ml	Schlagsahne
3 P	Sahnesteif
5 P	Vanillezucker
400 g	Schmand
1 P	Tortenguss rot

Zubereitung

Alle Teigzutaten miteinander verrühren und auf ein mit Backpapier ausgelegtes Backblech streichen.
Backzeit 20 - 25 Minuten bei 160° - 175° Umluft. Den Kuchen auskühlen lassen.

Den Schmand mit Vanillezucker glatt rühren, die Sahne mit Sahnesteif schlagen und unter den Schmand heben. Die Masse auf den Kuchen streichen. Die Blaubeeren abtropfen lassen, Saft auffangen und die Früchte auf der Schmandmasse verteilen.
Aus dem Blaubeersaft einen Tortenguss nach Vorschrift zubereiten und gitterförmig über die Blaubeeren fließen lassen.

Tipp

Man kann die Blaubeeren auch gleich mitbacken. Den erkalteten Kuchen mit der Sahne - Schmand - Mischung bestreichen und mit Zimt bestäuben.

Rezept Elke Steinhoff

Ulis experimentierfreundlicher kerniger Nusskuchen

Teig

250 g	Butter/Margarine
200 g	Zucker
1 P	Vanillezucker
4 - 5	Eier
1 Prise	Salz
250 g	Weizenmehl, frisch gemahlen
1 Tl	Backpulver
1 Hauch	Kardamom oder Koriander
250 g	frische und grob gemahlene Haselnüsse
2 El	Semmelbrösel

Zubereitung

Das weiche Fett, Zucker und Salz cremig schlagen. Die Eier einzeln hinzufügen und alles solange auf höchster Stufe rühren, bis sich der Zucker vollständig gelöst hat. Mehl, Backpulver, Gewürze und Haselnüsse mischen und nur ganz kurz unterrühren, damit der Teig schön locker bleibt.
Den Teig in eine gut gefettete und mit Semmelbröseln oder gemahlenen Nüssen ausgestreute Gugelhupf- oder Kastenform füllen.
Bei 170° Umluft ca. 50 Minuten backen.

Tipp

Ein kerniger »rund-um-die-Uhr-leckerer« Kuchen, der kühl aufbewahrt erstaunlich lange frisch bleibt. Sehr zu empfehlen ist er aber auch als Grundlage für köstliche Obstkuchen, vorzugsweise mit Äpfeln oder Birnen, die mit reichlich Zitronen- oder Limettensaft getränkt werden sollten. Dann verträgt er auch ein gründliches Bestreuen mit Zimt.

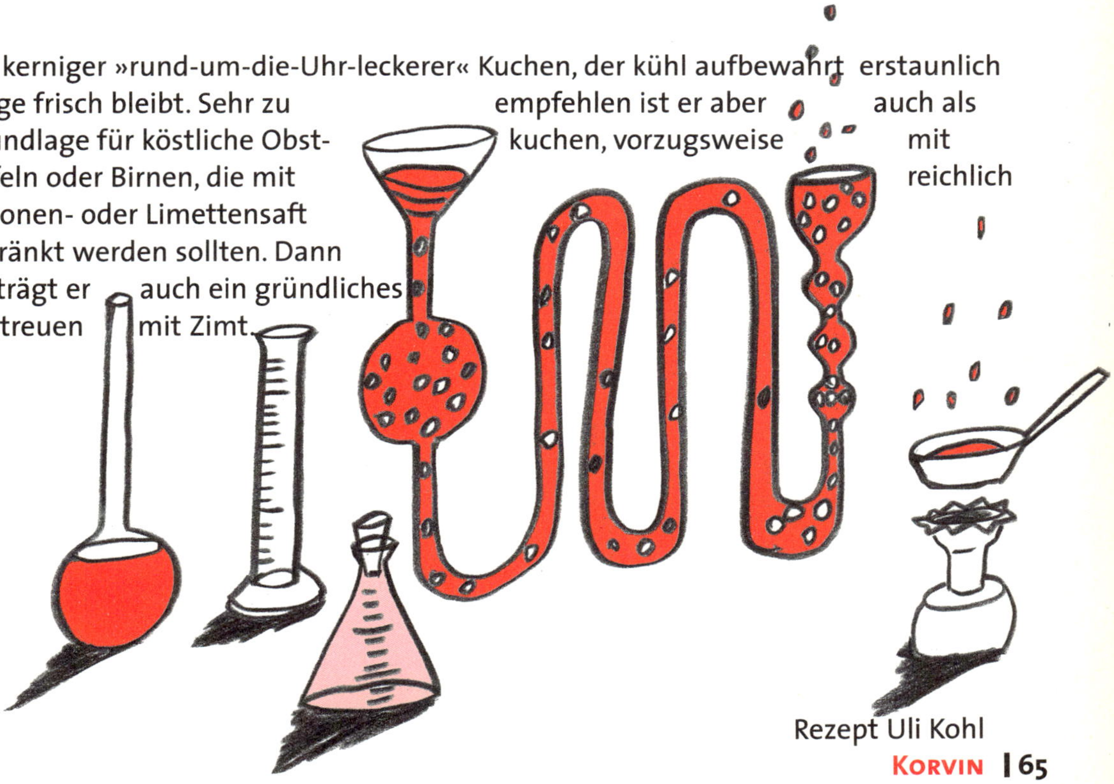

Rezept Uli Kohl

Felsenbirnentorte

Teig

4	Eier
5 El	kaltes Wasser
150 g	Zucker
1 P	Vanillezucker
200 g	Mehl
2 Tl	Backpulver
30 g	Kakao

Füllung

500 g	Felsenbirnen
1 Prise	Zimt
1 Prise	Muskatnuss
500 ml	Sahne
1 Tl	Zucker
1 P	Vanillezucker

Deko

30 g	Raspelschokolade
einige	Felsenbirnen

Zubereitung

Die Eier trennen und das Eiweiß mit dem Wasser sehr steif schlagen. Den Zucker nach und nach hinzufügen. Das Eigelb unterrühren. Mehl, Backpulver und Kakao mischen und vorsichtig unterheben. Den Teig in eine mit Backpapier ausgelegte Springform füllen, glatt streichen und bei 180° - 200° Umluft im vorgeheizten Backofen etwa 30 Minuten backen.

Die Felsenbirnen waschen, entstielen und mit Zimt und Muskatnuss vermischen. Die Sahne mit dem Zucker steif schlagen. Den ausgekühlten Tortenboden einmal durchschneiden und den unteren Boden mit gut der Hälfte der Sahne bestreichen. Die Felsenbirnen darauf verteilen, den oberen Boden aufsetzen und die Torte mit der restlichen Sahne bestreichen.
Mit Felsenbirnen und Raspelschokolade dekorieren. Eine Stunde kalt stellen und erst vor dem Verzehr aufschneiden.

Tipp

Dieses Rezept eignet sich für alle wilden Beeren. Felsenbirnensträucher sollten alle zwei Jahre kräftig zurückgeschnitten werden, sie tragen im Folgejahr noch mehr Früchte.

Rezept Karen Schoebel

Erkundungsstollen mit explosiver Füllung

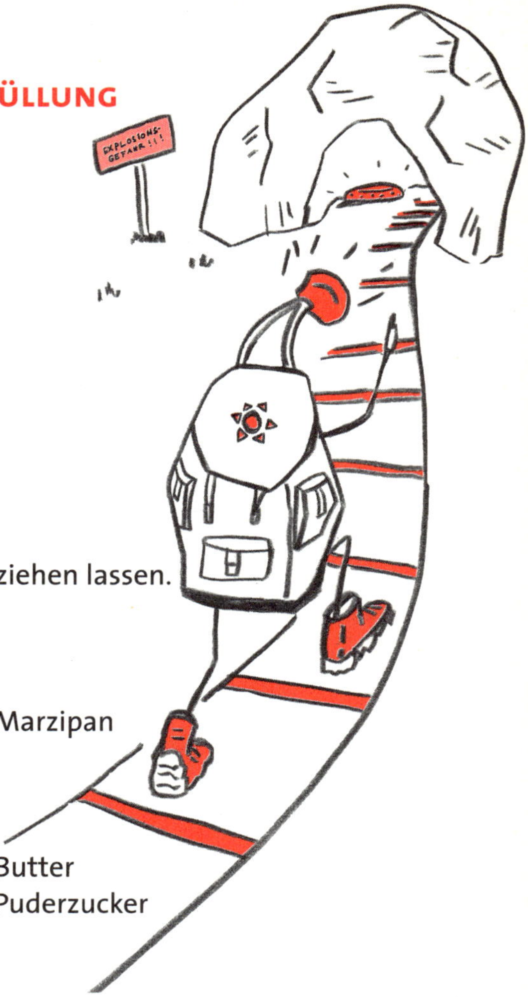

1. Tag

250 g	Korinthen
200 g	gestiftete Mandeln
200 g	gehackte Mandeln
200 g	Sultaninen
100 g	Sonnenblumenkerne
100 g	Orangeat
100 g	Zitronat
2	Gläschen Rum

Zubereitung

Die Zutaten miteinander mischen, über Nacht ziehen lassen.

2. Tag

Teig

1 kg	Weizenmehl
120 g	Frischhefe
1/4 l	Milch
175 g	Butterschmalz
200 g	Butter
175 g	Zucker

Füllung

400 g	Marzipan

Glasur

50 g	Butter
100 g	Puderzucker

Zubereitung

Aus Mehl, Hefe und lauwarmer Milch einen glatten Teig kneten und an warmer Stelle gehen lassen. Nach 20 Minuten geschmolzenes Butterschmalz, Butter sowie Zucker dazugeben und noch einmal 30 Minuten gehen lassen. Im Anschluss die mit Rum durchzogenen Früchte in den Teig mischen und 45 Minuten gehen lassen. Danach noch einmal kräftig durchkneten. Den Teig auf einer mit etwas Mehl bestäubten Fläche ausbreiten, das Marzipan zu einer Rolle von 30 cm Länge formen, in die Mitte legen und den Teig darüber umklappen.
Nochmals 15 Minuten auf einem gefetteten Backblech gehen lassen.
Im vorgeheizten Backofen bei 200° Umluft etwa 15 Minuten backen. Dann weitere 70 Minuten bei 170° weiterbacken. Wenn der Teig zu dunkel wird, mit Pergamentpapier abdecken.
Gleich nach dem Backen den Erkundungsstollen mit flüssiger Butter bestreichen und dick mit Puderzucker bestäuben - fertig!

Tipp

Hält sich lange, ist sehr nahrhaft, passt in jeden Rucksack und ist somit der ideale Begleiter für ausgiebige Schienenspaziergänge oder sonstige Erkundungstouren.

Rezept Gudrun Fleiß-Bageritz

Bananencrunch

Teig

225 g	Butter/Margarine
225 g	Haferflocken
225 g	Weizenvollkornmehl
1 Tl	Backpulver
225 g	brauner Zucker
2	Eier
4 - 5	mittelgroße Bananen

Zubereitung

Die Butter bei schwacher Hitze schmelzen. Die Haferflocken mit dem Mehl, Backpulver und dem Zucker vermischen und das flüssige Fett unterrühren.
Eier schaumig rühren und unter die Haferflockenmasse heben.
Die Hälfte des Teiges in eine Springform hineinkrümeln, die Bananen in Scheiben schneiden und auf dem Teig verteilen, dann die andere Hälfte des Teiges darüber krümeln.
Den Kuchen im vorgeheizten Backofen bei 180° Umluft etwa 35 Minuten backen.

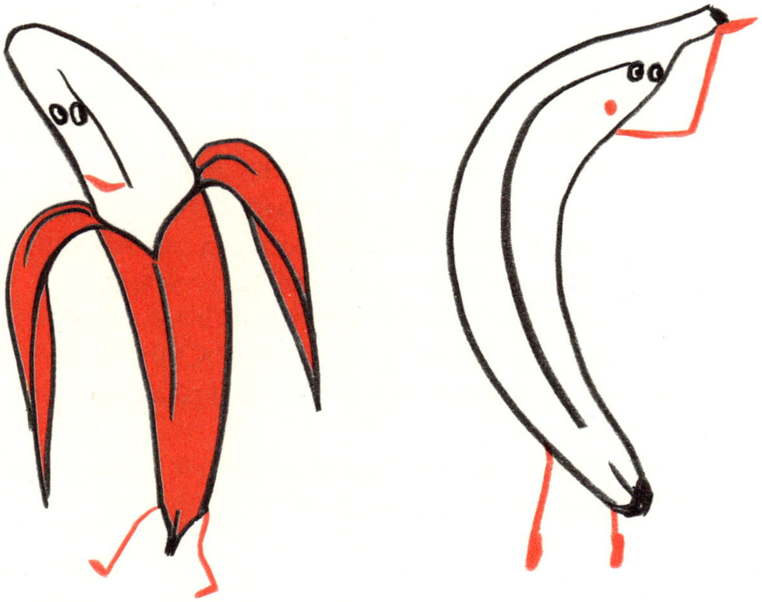

Rezept Angelika und Julia Domnick

Bösener Birnentorte

Teig		*Belag*	
200 g	Mehl	1 kg	feste Birnen
100 g	Butter	2 El	Zitronensaft
1	Eigelb	100 g	Zucker
40 g	Zucker	3	Eier
1 Prise	Salz	1/8 l	Sahne
2 El	kaltes Wasser	2 P	Vanillezucker

Zubereitung

Aus den Teigzutaten einen Mürbeteig nach Grundrezept zubereiten und etwa 1 Stunde kalt stellen.
Den Teig in eine Springform drücken, dabei einen kleinen Rand hochziehen und den Boden mit einer Gabel mehrfach einstechen.
Die Birnen schälen, vierteln, längs einschneiden, mit 2 Esslöffeln Zitronensaft beträufeln und auf dem Teigboden verteilen. Eier und Zucker schaumig rühren, Sahne und Vanillezucker dazugeben und die Masse über die Birnen gießen.
Backzeit ca. 20 - 30 Minuten bei 200° Umluft.

BÖSE(NER) BIRNEN

Rezept Monika Jensen

Gedeckter Apfelkuchen

Teig

150 g	Mehl
100 g	Weizenvollkornmehl
75 g	Zucker
125 g	Butter
1	Ei
1 Prise	Salz

Füllung

1 kg	säuerliche Äpfel
75 g	Rosinen
1 P	Vanillezucker
3 El	Sonnenblumenkerne
2 El	Rum
1 El	Zimt

Glasur

1 El	Honig

Zubereitung

Aus den Teigzutaten einen Mürbeteig nach Grundrezept herstellen. Zwei Drittel des Teiges ausrollen und eine gefettete Springform damit auskleiden. Einen Rand von ca. 2 cm Höhe formen. Das restliche Drittel des Teiges für die Decke ausrollen und beiseite stellen.

Äpfel schälen und in kleine Stücke schneiden, mit den restlichen Zutaten vermischen und auf den Teigboden geben. Die Teigdecke mit Hilfe einer Tortenscheibe auf die Apfelmasse legen und vorsichtig andrücken.

Den Kuchen bei 180° Umluft etwa 35 Minuten backen.

Honig auf den warmen Kuchen geben und mit einem Backpinsel verteilen, 5 - 10 Minuten weiter backen.

Tipp

Schmeckt mit Schlagsahne noch leckerer!

Rezept Gisela Gunkel

Gohlefanzer Nusskranz

Teig

300 g	Mehl
2 Tl	Backpulver
100 g	Zucker
1 P	Vanillezucker
1	Ei
2 El	Milch oder Wasser
125 g	Butter

Füllung

200 g	gemahlene Haselnüsse
100 g	Zucker
4 - 5	Tropfen Bittermandelöl
1	Ei
3 - 4 El	Wasser

Glasur

1	Eigelb
1 El	Milch

Zubereitung

Aus den Teigzutaten einen Mürbeteig nach Grundrezept kneten und 1 Stunde kühl stellen. In der Zwischenzeit die Zutaten für die Füllung miteinander verrühren, bis eine geschmeidige Masse entsteht.
Den Teig ausrollen, die Füllung gleichmäßig darauf verstreichen und einrollen. Eigelb mit Milch verquirlen, die Rolle damit bestreichen und zu einem Kranz formen.
Backzeit ungefähr 45 Minuten bei 175° Umluft.

Rezept Doris Höbermann

Herzliches aus Klein Gaddau

Teig

3	Eier
50 g	Zucker
1 Tl	Bourbon - Vanillepulver
100 g	gemahlene Mandeln
125 g	klein gehackte Datteln
30 g	Dinkelmehl

Füllung

1 Glas	Sauerkirschen
500 ml	Sahne

Marzipandecke

250 g	Marzipanrohmasse
150 g	zartbittere Kuvertüre

Zubereitung

Die Eier trennen und das Eiweiß steif schlagen. Zucker und Vanillepulver einrieseln lassen, zuletzt das Eigelb kurz unterrühren. Mandeln, Datteln und Mehl mischen und unterheben. Eine Springform mit Backpapier auslegen, den Teig einfüllen und glatt streichen.

Bei 160° Umluft etwa 35 - 40 Minuten backen.

Nach dem Erkalten die gut abgetropften Sauerkirschen auf dem Tortenboden verteilen, am Rand 3 cm frei lassen. Sahne steif schlagen und kuppelförmig auf Boden und Kirschen verteilen.

Marzipan zwischen Plastik- oder Frischhaltefolie so groß ausrollen, dass die Torte komplett mit Marzipan abgedeckt werden kann. Überstehende Ränder abschneiden und für die Dekoration verwenden. Kuvertüre im Wasserbad auflösen und die Marzipandecke damit dünn bestreichen.

Die Marzipanreste ausrollen und Herzen ausstechen. Wenn die Kuvertüre fest ist, die Torte mit den Herzen dekorieren.

Mindestens 1 Stunde in den Kühlschrank stellen und erst bei Tisch aufschneiden.

Rezept Ingrid Lowin

Schokoladentrüffeltorte à la Tereza mit exotischen Früchten

Teig

200 g	Butter/Margarine
200 g	Zucker
2	Eier
200 g	Mehl
1 Tl	Backpulver
1 P	Vanillezucker
100 g	Kakao

Trüffelcreme

300 ml	Schlagsahne
200 g	Zucker
3 El	Sirup
150 g	dunkle Blockschokolade
150 g	Butter/Margarine

Deko

einige exotische Früchte wie Physalis, Passionsfrucht, frische Feigen etc.

Zubereitung

Die Butter in einem Topf zerlassen und mit Zucker und Eiern verrühren. Mehl, Backpulver, Vanillezucker und Kakao mischen und unter die Fett-Eier-Masse heben. Den Teig in eine gefettete und mit Bröseln bestreute Springform füllen. Backofen auf 175° Umluft vorheizen und auf der untersten Einschubleiste 20 - 25 Minuten backen.
Für die Trüffelcreme alle Zutaten bis auf die Butter in einem Topf vermischen und solange kochen, bis sie sich ordentlich verdickt hat, dauert ca. 30 - 40 Minuten. Anschließend die Butter einrühren und abkühlen lassen.
Den Tortenboden auf eine Platte legen und die Trüffelcreme darauf streichen, kühl stellen. Die Torte mit exotischen Früchten wie Physalis, Passionsfrucht, frischen Feigen etc. garnieren. Mit etwas geschlagener Sahne servieren.

Tipp

In der Beerenzeit passen auch Himbeeren und Erdbeeren. Sehr gut eignet sich die Torte als Dessert zu einem Festtagsmenü. Den Teller mit Puderzucker und Kakao bestäuben, Früchte arrangieren und mit Sahne verzieren.

Rezept Tereza Palm

Kekskuchen »Kalter Hund«

Teig

250 g	Kokosfett
2	Eier
250 g	Zucker
75 g	Kakao
1 Prise	Salz
1 El	Kaffeepulver
2 cl	Rum, nach Bedarf
240 g	Butterkekse

Zubereitung

Kokosfett in einem Topf erhitzen, bis es sich aufgelöst hat, abkühlen lassen. Eier und Zucker schaumig schlagen. Ganz langsam das abgekühlte Kokosfett unterrühren. Kakao, Salz und Kaffeepulver mischen und unterrühren, Rum hinzufügen.

Eine Kastenform mit Pergamentpapier auslegen und eine Schicht Butterkekse hineinlegen. Kekse mit etwas Schokoladenmasse bestreichen, wieder eine Keksschicht darüber legen. Weiter so verfahren, bis alle Kekse verbraucht sind. Oberste Schicht: Schokoladenmasse.

Kuchen in den Kühlschrank stellen und 4 Stunden durchkühlen lassen.

Tipp

Der Kuchen kann bereits einen Tag vor dem Verzehr zubereitet werden, dann ist er gut durchgezogen.

Rezept Constanze Schrader

Punschtorte

Teig

2	Eiweiß
75 g	Zucker
50 g	Mehl
50 g	Speisestärke
1 Tl	Backpulver

Füllung

6 Blatt	weiße Gelatine
100 ml	Rum
600 ml	Sahne
140 g	Puderzucker
100 g	gehackte Mandeln
22	Löffelbiskuits

Deko

8	Löffelbiskuits

Zubereitung

Das Eiweiß steif schlagen, dabei den Zucker langsam hinzufügen. Mehl, Speisestärke und Backpulver mischen, vorsichtig unterheben.
Den Teig in eine mit Backpapier ausgelegte Springform füllen und bei 175° - 190° Umluft etwa 25 - 30 Minuten backen, erkalten lassen.
Zum Füllen einen Tortenring um den Biskuitboden setzen.
Die Gelatine quellen lassen, nach Anleitung auflösen und den Rum hinzufügen.
Die Sahne steif schlagen. Etwas Sahne zum Garnieren in einen Spritzbeutel füllen.
In die restliche Sahne Puderzucker und Mandeln geben und die aufgelöste Gelatine langsam unterrühren.
22 Löffelbiskuits vierteln, unter die Sahne heben und die Masse auf den Boden füllen, glatt streichen.
8 Löffelbiskuits halbieren, die Torte damit garnieren und mit Sahne verzieren.

Die Torte muss einen Tag vor dem Verzehr zubereitet werden, da die Löffelbiskuits durchweichen müssen.

Rezept Christine Schulz

Bodenloser Quarkkuchen

Teig

150 g	Butter
300 g	Zucker
1 P	Vanillezucker
4	Eier
1 kg	Schichtkäse oder Quark
1 P	Vanillepuddingpulver
2 El	Grieß
1 P	Backpulver
1 Prise	Salz
1	Zitrone
100 g	Rosinen

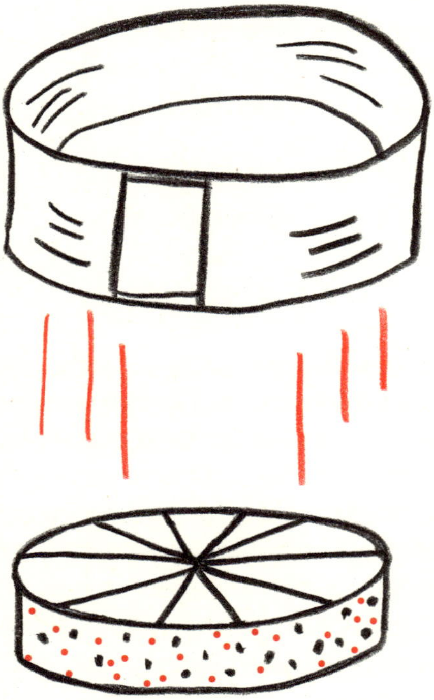

Zubereitung

Butter, Zucker, Vanillezucker und Eier schaumig rühren. Quark, Zitronensaft und -schale, Salz, Puddingpulver, Grieß und Backpulver hinzugeben und noch einmal kräftig durchrühren. Zum Schluss die gewaschenen Rosinen unterheben und die Masse in eine gefettete Springform füllen.

Backzeit ca. 1 Stunde
bei 180° - 200° Umluft.

Rezept Karin Schlegel

Waldelfens Lieblingsschmaus oder Ricottatorte

Teig

150 g	Löffelbiskuits
40 g	gehackte Mandeln
500 g	Ricotta, ersatzweise Sahnequark
2 El	Sambuca
1 P	Apfelpektin
400 ml	Schlagsahne
4	Eigelb
40 g	Mandelblättchen
1 P	Vanillezucker

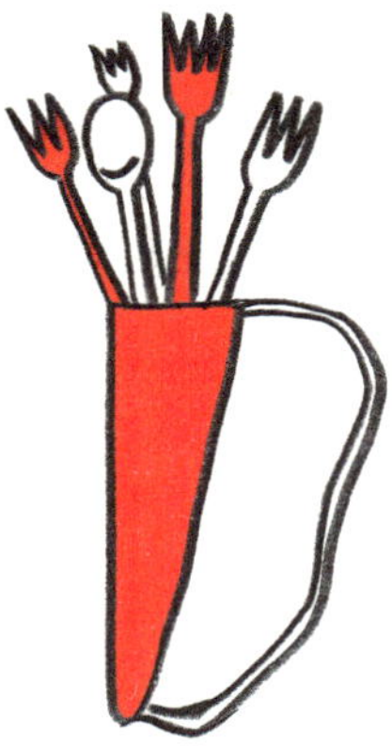

Zubereitung

Löffelbiskuits mit einem Sägemesser so weit kürzen, dass sie die gleiche Höhe wie eine Springform haben. Die gehackten Mandeln ohne Fett goldbraun rösten.
Das Eigelb mit Vanillezucker und Zucker zu einer Creme schlagen. Anschließend den Ricotta, die gerösteten Mandeln und den Sambuca unterrühren. Die Creme mit Apfelpektin nach Anweisung andicken. Die Sahne steif schlagen und 3/4 davon unter die Ricottamasse heben.
Den Springformrand direkt auf eine Tortenplatte stellen und die restliche Sahne mit einem Spritzbeutel ringförmig auf den inneren Rand der Springform spritzen. Die gekürzten Löffelbiskuits mit der Zuckerseite nach außen in den Sahnering stellen. Die Ricotta-Sahnecreme in die Mitte füllen und glatt streichen.
Die Torte mindestens 1 Stunde kalt stellen.
Mandelblättchen goldbraun rösten, abkühlen lassen und auf die Torte streuen.
Den Springformrand kurz vor dem Servieren entfernen.

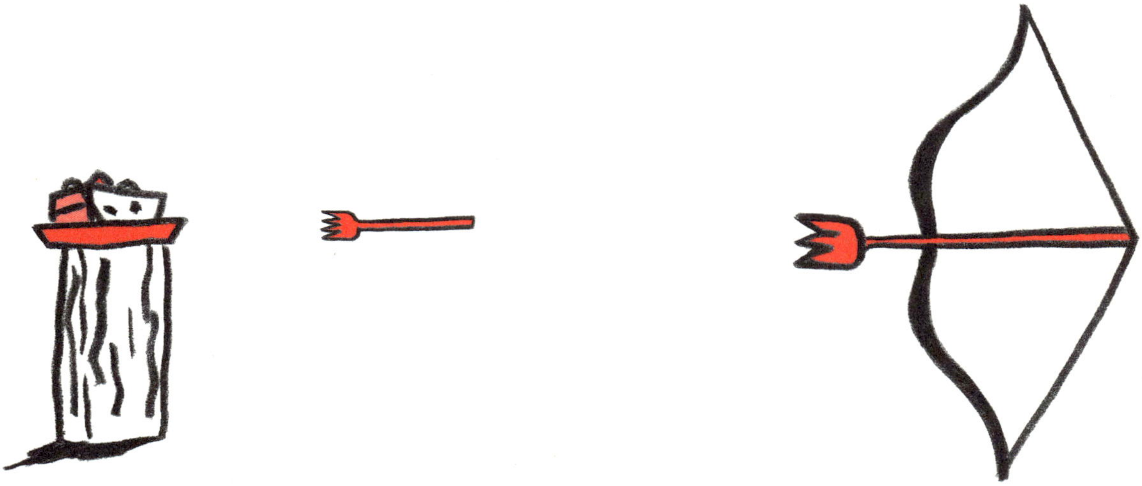

Rezept Brigitte Staats

Afrikanisches Bananenbrot aus Ghana

Teig

3/4	Tasse Maismehl
2 Tl	Backpulver
1/4 Tl	Natron
1/3 - 2/3	Tassen Honig
2	Eier
1 - 2	Tassen zerdrückte Bananen
1/4	Tasse zerlassene Butter
1/2	Tasse gehackte Nüsse nach Wahl
1 Prise	Salz

Zubereitung

Mehl mit Backpulver und Natron mischen, sieben und mit Salz und Nüssen vermengen. Eier, Butter, Honig und Bananenbrei unterrühren.
Das Ganze in eine gefettete Kastenform füllen und bei 180° Umluft ca. 1 Stunde backen.

Rezept Flying Handshoes, Katrin Arndt, Heike Krüger und Marion Tuschwitz

Semifreddo

Halbgefrorenes

Teig

250 g	geschälte Mandeln
2	Eiweiß
150 g	Bio-Puderzucker oder Vollrohrzucker
etwas	Mehl

Füllung

3	Eier
1 Prise	Salz
200 g	Butter
60 g	Zucker
150 g	Zartbitterschokolade
2 cl	Weinbrand/Sherry
2	Mokkatassen starken, abgekühlten Espresso
3 El	Mandelsplitter

EBEN „NUR" HALB GEFROREN

Zubereitung

Eiweiß zu Schnee schlagen. Mandeln sehr fein mahlen, mit dem Puderzucker mischen und unter den Eischnee ziehen. Teig in 3 Portionen teilen und jeweils in der Größe einer Form von 24 cm Durchmesser zwischen Klarsichtfolien dünn ausrollen. Wenn er zu sehr klebt, etwas Mehl untermischen. Die 3 Böden nacheinander auf der mittleren Schiene im vorgeheizten Backofen bei 150° Umluft etwa 10 Minuten backen.

Eier trennen und das Eiweiß mit Salz zu Schnee schlagen. Eigelb, Butter und Zucker schaumig rühren und den Eischnee vorsichtig unterziehen. Weinbrand/Sherry und Espresso mischen, Schokolade raspeln. Jeweils einen Boden mit Espressosauce beträufeln, die Hälfte der Füllung und der Schokolade darüber geben und alles übereinander schichten.

Torte abdecken und 4 - 5 Stunden im sehr kalten Kühlschrank ziehen lassen oder in die Tiefkühltruhe geben, dann reduziert sich die Zeit. Die Torte soll nicht durchgefroren sein.

Vor dem Servieren mit Raspelschokolade und Mandelsplittern dekorieren.

»Buon appetito vi augura a tutti quanti il WERKSTATTCAFÉ HOF DARZAU.«

Tipp

Die Tortenböden sollte man am Vortag backen. Übrigens ist der Teig der gleiche wie für Amaretti, die leckeren italienischen Kekslein, die es oft zum Espresso gibt.

Rezept Mareille Ann Bahner und Christoph Spanier

Claudias schnelle Schokobombe

Teig

3	Eier
85 g	Zucker
125 g	geschmolzene Butter
4 El	Kakao
200 g	Mandeln, nicht zu fein gemahlen

Guss

zartbittere Schokoladenkuvertüre

Zubereitung

Alle Zutaten miteinander verrühren und in eine mit Backpapier ausgelegte Springform füllen.
Backzeit ca. 20 - 25 Minuten bei 175° Umluft.
Nach dem Backen etwas abkühlen lassen und mit Schokoladenkuvertüre überziehen.

Rezept Claudia Malchartzeck

Eigene Rezeptsammlung

Süße Harmonie

Teig

5	Eier
2 El	Wasser
100 g	Zucker
1 P	Vanillezucker
1 Prise	Salz
100 g	Mehl
50 g	Speisestärke
2 Tl	Backpulver
70 g	gemahlene geröstete Mandeln

Füllung

500 g	TK Himbeeren
600 ml	Sahne
3 Tl	Zucker

Marzipandecke

200 g	Marzipanrohmasse
150 g	Puderzucker
1 - 2 Tl	Wasser
etwas	Puderzucker zum Bearbeiten

Dekoration

30 g	geröstete Mandelblättchen

Zubereitung

Den Biskuit wie im Grundrezept beschrieben zubereiten, dabei Mehl, Speisestärke, Backpulver und Mandeln mischen.
Den Teig in eine mit Backpapier ausgelegte Springform füllen und im vorgeheizten Backofen bei 180° - 200° Umluft etwa 30 - 40 Minuten backen.

Die Himbeeren auftauen und gut abtropfen lassen. 12 Himbeeren zur Seite legen. Die Sahne mit dem Zucker steif schlagen, 6 Esslöffel zur Seite stellen und die Himbeeren unter die restliche Sahne ziehen. Den gut ausgekühlten Biskuitboden ein- oder zweimal waagerecht durchschneiden und mit der Himbeersahne füllen. Die Torte rundherum mit 3 Esslöffeln Sahne bestreichen.

Für die Marzipandecke das Marzipan mit Puderzucker und Wasser verkneten. Auf der mit Puderzucker bestäubten Arbeitsfläche zu einer runden Platte von etwa 36 cm ausrollen. Auf eine Kuchenrolle wickeln, über der Torte abrollen und leicht andrücken. Mit der restlichen Sahne, den Himbeeren und den Mandelblättchen garnieren.

Tipp

Mandelblättchen oder gemahlene Mandeln werden in einer trockenen Pfanne ohne Fett geröstet, bis sie duften.

Elbewellen

Teig

300 g	Butter
300 g	Zucker
1 P	Vanillezucker
300 g	Mehl
2 Tl	Backpulver
6	Eier
2 El	Kakao
1 Glas	Sauerkirschen

Belag

1/2 l	Milch
1 P	Vanillepuddingpulver
2 El	Zucker
125 g	Butter

Guss

200 g	dunkle Kuvertüre

Zubereitung

Zunächst aus den angegebenen Teigzutaten, bis auf Kakao und Sauerkirschen, einen Rührteig nach Grundrezept herstellen und den Teig halbieren.
Die eine Hälfte auf ein gefettetes Backblech streichen, die andere Hälfte mit dem Kakao verrühren und über den hellen Teig streichen. Zum Schluss die abgetropften Kirschen auf dem Teig verteilen.
Bei 180° - 200° Umluft etwa 30 Minuten backen.
Für den Belag aus Milch und Puddingpulver einen Pudding kochen. Zucker auf den Pudding streuen und auf Zimmertemperatur abkühlen lassen. Unter die zimmerwarme Butter den Pudding esslöffelweise rühren und auf dem abgekühlten Kuchen verteilen. Die Kuvertüre für den Guss erwärmen, dünn und gleichmäßig über die Buttercreme gießen und mit dem Teigeschaber glatt streichen.

..JETZT MUSST DU ABER ENDLICH WAS ANGELN
... DER KAFFEE WIRD JA SCHON KALT

Nuss - Schoko - Zauberei

Teig

4	Eier
150 g	Zucker
250 g	gemahlene Haselnüsse
1 El	Mehl
2 El	Schokostreusel
1 Tl	Backpulver

Glasur

1 P	Schoko- oder Nussglasur

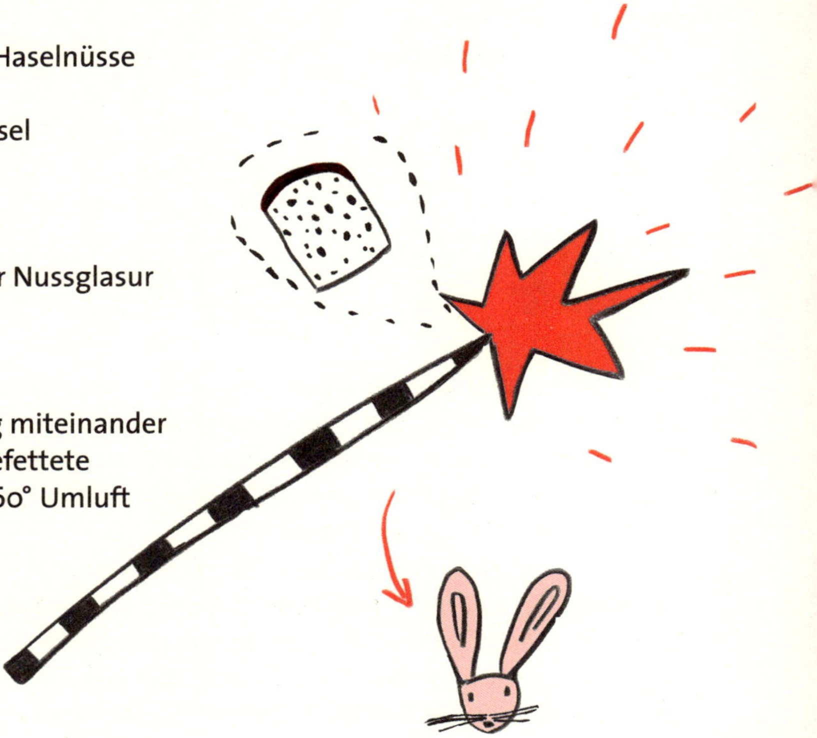

Zubereitung

Alle Zutaten für den Teig miteinander verrühren und in eine gefettete Kastenform füllen. Bei 160° Umluft ca. 45 Minuten backen. Nach dem Abkühlen mit Schoko- oder Nussglasur überziehen.

Tipp

Mit diesem Rezept lassen sich im Handumdrehen feine Sahneschnitten zaubern:
Die doppelte Menge Teig herstellen, auf ein Backblech streichen und bei 160° Umluft ca. 30 Minuten backen.
Nach dem Erkalten dick mit geschlagener Sahne bestreichen und mit Eierlikör beträufeln oder ein gitterförmiges Muster darauf fließen lassen.
Hokuspokus Fidibus, wie Zauberei - eine Torte für Überraschungsgäste!

MIT ETWAS GLÜCK GELINGT DAS »KUCHENSTÜCK« SOFORT... (SONST GIBT ES EBEN SPONTAN »HASI« - GEBRATEN)

FÜR FORTGESCHRITTENE:
SAHNE AUS DEM HUT ZAUBERN

Biskuitrolle mit Erdbeeren

Teig

4	Eier
80 g	Zucker
1 El	Wasser
1 P	Vanillezucker
70 g	Mehl
50 g	Speisestärke

Füllung

500 g	Erdbeeren
1	Becher Sahne
1 P	Vanillezucker

Deko

1	Becher Sahne
1 P	Vanillezucker
einige	Erdbeeren

Zubereitung

Die Eier trennen. Das Eiweiß mit dem Wasser, Zucker und Vanillezucker sehr steif schlagen, dann das Eigelb unterrühren. Mehl mit Speisestärke mischen, darüber sieben und vorsichtig unterheben. Die Masse auf ein mit Backpapier ausgelegtes Backblech streichen.
Backzeit 12 - 15 Minuten bei 180° - 200° Umluft.
Nach dem Backen den heißen Kuchen sofort auf ein mit Zucker bestreutes Geschirrtuch stürzen und das Backpapier vorsichtig abziehen. Den Biskuit von der schmaleren Seite mit dem Geschirrtuch aufrollen und abkühlen lassen.
Für die Füllung die Erdbeeren klein schneiden und unter einen Becher mit Vanillezucker steif geschlagene Sahne heben. Die Biskuitrolle vorsichtig auseinander rollen, mit der Erdbeersahne füllen und wieder aufrollen. Einen Becher Sahne schlagen, die Rolle mit der Sahne und den Erdbeeren beliebig dekorieren.

Tipp

Es können auch tiefgefrorene Erdbeeren oder Himbeeren verwendet werden.

Himmelstorte

Teig

250 g	Butter
160 g	Zucker
2 P	Vanillezucker
5	Eigelb
1 Prise	Salz
250 g	Mehl
2 Tl	Backpulver

Belag

5	Eiweiß
50 g	Zucker
100 g	Mandelblättchen

Füllung

500 g	TK oder frische Johannisbeeren
80 g	Puderzucker
600 g	Sahne

Zubereitung

Für den Teig die Butter cremig schlagen, Zucker und Vanillezucker einrieseln lassen. Eigelb und Salz hinzufügen und solange rühren, bis der Zucker sich gelöst hat. Mehl und Backpulver mischen, unterrühren.
Für den Belag das Eiweiß sehr steif schlagen. 1/4 des Teiges in einer mit Backpapier ausgelegten Springform verstreichen, 1/4 des Eischnees darauf streichen und mit je 1/4 Zucker und Mandelblättchen bestreuen. Bei 160° Umluft etwa 15 - 20 Minuten goldgelb backen. Sofort aus der Form nehmen und abkühlen lassen. Wie beschrieben drei weitere Böden backen. Den Puderzucker über die abgetropften Johannisbeeren sieben, die Sahne steif schlagen und die Johannisbeeren unterheben. Drei Böden mit jeweils 1/3 der Fruchtsahne bestreichen, übereinander setzen und mit dem letzten Boden bedecken.

Tipp

Falls der Eischnee wieder flüssig wird, einfach erneut steif schlagen. Die Böden können auch mit einer Mischung aus Zucker und Zimt bestreut werden.

Quittentorte

Teig

250 g	Weizenmehl
1/2 Tl	Backpulver
80 g	Zucker
1 Prise	Salz
1	Ei
1 El	Zitronenschale
200 g	Butter/Margarine

Guss

3	Eier
2	Eigelb
100 g	Zucker
100 g	gemahlene Mandeln
2 El	Zitronenschale
2 El	Zitronensaft

Belag

750 g	Quitten
375 ml	Wasser
250 g	Zucker
30 g	gewürfeltes Zitronat
1 El	Zitronenschale

Streusel

60 g	Butter
30 g	Semmelbrösel
1 Msp	gemahlenen Zimt
1 El	Zucker

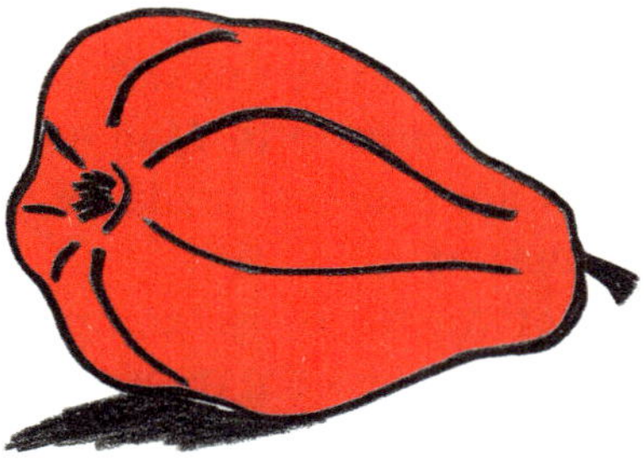

Zubereitung

Aus den Teigzutaten einen Mürbeteig herstellen und 30 Minuten kühl stellen.
Den Teig in eine Springform geben und einen Rand hochziehen, den Boden mehrmals mit einer Gabel einstechen.
Die Quitten waschen, vierteln und das Kerngehäuse herausschneiden. In etwas Wasser etwa 20 Minuten weich dünsten, auf einem Sieb abtropfen lassen und den Saft auffangen. Die weichen Quitten in kleine Würfel schneiden und in 250 ml Quittenwasser und den übrigen Belagzutaten in ca. 15 - 20 Minuten zu einer geleeartigen Masse einkochen. 4 Esslöffel der Masse zur Seite stellen, den Rest leicht abgekühlt auf dem Mürbeteig verteilen.
Für den Guss Eier, Eigelb und Zucker schaumig rühren, die 4 Esslöffel der Quittenmasse zusammen mit den Mandeln, der Zitronenschale und dem Zitronensaft unter die Eicreme rühren und auf dem Quittenmus verteilen.
Bei 180° - 200° Umluft ungefähr 40 Minuten backen.
Semmelbrösel, Zimt und Zucker vermischen und nach 40 Minuten Backzeit auf den Kuchen streuen, die Butter in Flöckchen darauf verteilen. Den Kuchen nochmals 20 Minuten bei gleicher Einstellung fertig backen.

X^4 - Torte

Teig		*Füllung*	
175 g	Butter	1/4 l	Orangensaft
150 g	Zucker	1 El	Zucker
1 P	Vanillezucker	1 El	Speisestärke
3	Eier	2 El	Wasser
150 g	Mehl	1/2 l	Sahne
30 g	Speisestärke	2 P	Vanillezucker
1 Tl	Backpulver		

Glasur

1 P	Schokoladenglasur

Zubereitung

Bei der X^4 - Torte handelt es sich um eine sehr flexible, aber arbeitsintensive Torte. Man benötigt die dem Wendländer angeborene Ausdauer, Kreativität und Widerstandskraft.
Natürlich darf auch die Spaßkomponente nicht fehlen und diese hat man spätestens, wenn die Torte zum Einsatz kommt.

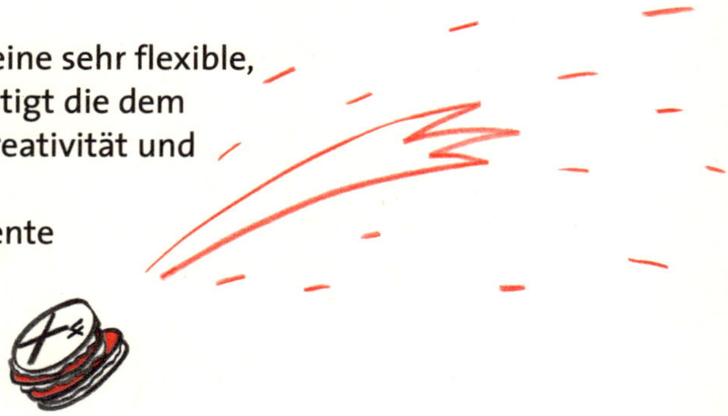

X^4 steht für die Anzahl der Tortenböden, die je nach Bedarf X-beliebig variiert werden können, X^5 X^6 X^7 und dann natürlich (hoffentlich bald) wieder rückwärts.

Aus den Zutaten für den Teig einen Rührteig nach Grundrezept herstellen und in 4 Portionen teilen. Eine Springform mit Backpapier auslegen und eine Portion Teig darauf verteilen.
Bei 180° Umluft etwa 10 Minuten backen. Mit den restlichen 3 Portionen ebenso verfahren. Die abgekühlten Böden mit der Schokoladenglasur bestreichen.
Für die Füllung Orangensaft und Zucker aufkochen, mit der mit kaltem Wasser angerührten Speisestärke binden und abkühlen lassen.
Die Sahne steif schlagen und die Orangencreme unterziehen. Die Orangensahne auf 3 Böden verteilen, die Böden übereinander setzen und den letzten Boden mit X -beliebigen X -en dekorieren.

Tipp

Zur Dekoration eignen sich X -Schablonen und Puderzucker, Sahne, Zuckerguss oder Gummibärchen. Der Kreativität sind, wie dem Widerstand, keine Grenzen gesetzt.

Haselnuss - Rhabarber - Baiser

Teig

600 g	Rhabarber	4	Eier
4 El	Semmelbrösel	2	Eigelb
200 g	Butter/Margarine	200 g	Mehl
175 g	Zucker	1 El	Backpulver
1 P	Vanillezucker	100 g	gemahlene Haselnüsse
1 Prise	Salz		

Belag

2	Eiweiß
100 g	Zucker

MUSTERVORSCHLÄGE

Zubereitung

Den Rhabarber waschen und in 4 cm lange Stücke schneiden, mit Semmelbröseln vermischen.
Die übrigen Zutaten zu einem Rührteig nach Grundrezept verarbeiten.
Zum Schluss die Rhabarberstücke unterheben und den Teig in eine gefettete Springform füllen.
40 Minuten bei 180° Umluft backen.

Das Eiweiß mit dem Zucker sehr steif schlagen und nach der Garzeit auf dem Kuchen wellenförmig verstreichen.
Weitere 20 Minuten bei gleicher Temperatur backen.

Reddereitzer Windbeutel

Teig

1/4 l	Wasser
60 g	Butter/Margarine
1 Prise	Salz
200 g	Mehl
4	Eier

Füllung

500 g	TK Beerencocktail oder Kirschen
100 ml	roter Saft
1 - 2 Tl	Speisestärke
300 g	Sahne
2 P	Vanillezucker

Deko

Puderzucker

WER WIND SÄT - WIRD WINDBEUTEL ESSEN

Zubereitung

Wasser mit Salz und Butter in einem Topf zum Kochen bringen. Das Mehl auf einmal dazugeben und mit einem Kochlöffel unter die Fettmischung rühren. Mit dem Kochlöffel solange rühren, bis sich am Topfboden ein weißer Belag gebildet hat. Der Teig muss glatt und glänzend aussehen und sich leicht vom Topfboden lösen. Den Teig in eine Schüssel geben und die Eier einzeln mit dem Handrührgerät unterkneten.
Mit einem nassen Löffel den Teig abstechen und 12 gleich große Häufchen mit ausreichendem Abstand auf ein mit Backpapier ausgelegtes Backblech setzen.
Im vorgeheizten Backofen bei 200° Umluft etwa 25 - 30 Minuten backen.
Während der ersten 15 Minuten die Backofentür nicht öffnen, da das Gebäck sonst zusammenfällt.
Zwei Esslöffel Saft mit der Speisestärke verrühren. Den übrigen Saft erwärmen, die Stärke unterrühren und einmal kurz aufkochen lassen, die Beeren/Kirschen unterheben, evt. etwas süßen.
Die ausgekühlten Windbeutel waagerecht durchschneiden. Sahne mit Vanillezucker steif schlagen. Sahne und Obst auf die untere Hälfte der Windbeutel geben, die obere darauf setzen und mit Puderzucker bestäuben.

Tipp

Bei diesem Rezept handelt es sich um ein Grundrezept für Brandteig, folglich können auch Eclairs, Profiteroles oder deftige Sachen daraus hergestellt werden.

Aprikosen - Schmandtorte

Teig

100 g	Butter/Margarine
150 g	Mehl
100 g	Zucker
1	Ei
1/2 P	Backpulver

Belag

1	große Dose Aprikosen
2	Becher Schmand
1 P	Vanillepuddingpulver
4 El	Zucker
1	Zitrone

Zubereitung

Die Teigzutaten miteinander verkneten und in eine gefettete Springform drücken und einen Rand formen. Die abgetropften Aprikosen auf dem Boden verteilen. Den Saft der Zitrone mit Schmand, Zucker und Vanillepuddingpulver verrühren und auf die Aprikosen streichen.
Die Torte bei 180° Umluft etwa 45 - 60 Minuten backen.

Tipp

Wer möchte, kann die Aprikosen durch andere Früchte ersetzen.

Pflaumen - Mandelkuchen mit Marzipan

Teig

100 g	gemahlene Mandeln
100 g	Marzipanrohmasse
120 g	Zucker
200 g	Butter
3	Eier
250 g	Mehl
2 Tl	Backpulver

Belag

750 g	Pflaumen

Zubereitung

Butter und Zucker schaumig rühren. Marzipanrohmasse mit den Eiern cremig schlagen und dazugeben. Das Mehl mit dem Backpulver mischen und zusammen mit den gemahlenen Mandeln gut unterrühren.
Den Teig in eine mit Backpapier ausgelegte Springform streichen und die entsteinten halbierten Pflaumen darauf verteilen.
Bei 175° Umluft ca. 30 - 35 Minuten backen.

Tipp

Als kleiner Schlankmacher besonders lecker mit Amaretto-Sahne.

ALSO, WENN DER HERR PFLAUME
MIT DEM FRÄULEIN MANDEL...

Poppy - Dream

Teig

5	Eier
4 El	Wasser
100 g	Zucker
1 P	Vanillezucker
1 Prise	Salz
125 g	Mehl
1 El	Speisestärke
2 Tl	Backpulver
100 g	gemahlenen Mohn

Füllung

1 Glas	Sauerkirschen
1	Zimtstange
1 El	Zitronensaft
60 g	Zucker
1 P	Vanillezucker
1 El	Speisestärke
2 El	Wasser
3/4 l	Sahne

Deko

etwas Mohn

Zubereitung

Den Biskuit wie im Grundrezept beschrieben zubereiten, dabei Mehl, Speisestärke, Backpulver und Mohn mischen. Den Teig in eine mit Backpapier ausgelegte Springform füllen, glatt streichen und im vorgeheizten Backofen auf der 2. Einschubleiste von unten bei 175° Umluft etwa 25 - 35 Minuten backen.
Für die Füllung Sauerkirschen abtropfen lassen, 1/8 l Saft abmessen, mit Zucker, Vanillezucker, Zimtstange und Zitronensaft aufkochen. Sauerkirschen dazugeben, Speisestärke mit 2 El Wasser verrühren, unter die Kirschen rühren und noch einmal aufkochen lassen. Zimtstange herausnehmen, abkühlen lassen.
Den ausgekühlten Tortenboden zweimal durchschneiden. Die Sahne steif schlagen, den unteren Boden mit einem Viertel der Sahne bestreichen, die Kirschen darauf verteilen, einige zur Deko zurückbehalten. Den mittleren Boden darauf legen, mit dem zweiten Sahneviertel bestreichen. Den oberen Boden darauf legen, mit dem dritten Sahneviertel Oberfläche und Rand bestreichen. Das restliche Sahneviertel in einen Spritzbeutel füllen und die Torte mit Tupfen, Kirschen und Mohn garnieren.

Tipp

Der Mohnbiskuit und das Sauerkirschkompott kann schon am Vortag zubereitet werden.

»STACHELIG«

Teig		*Belag*	
100 g	Zucker	1 Glas	Stachelbeeren
100 g	Butter	1 Becher	Schmand
200 g	Weizenvollkornmehl	1	Ei
		1 P	Vanillezucker
		3 El	Zucker

Zubereitung

Die Zutaten für den Teig zu Streuseln verarbeiten. 2/3 der Streusel in eine gefettete Springform geben und die abgetropften Stachelbeeren darauf verteilen.
Den Schmand mit dem Ei, dem Vanillezucker und Zucker verquirlen und über die Stachelbeeren gießen. Das restliche Drittel der Streusel auf dem Kuchen verteilen.
Im vorgeheizten Backofen bei 180° Umluft etwa 40 Minuten backen.

vorher

Tipp
Für dieses Rezept kann auch anderes Obst verwendet werden.
Eine Tarte mit Äpfeln schmeckt z.B. ganz vorzüglich warm mit Sahne und Vanilleeis.

nachher

VOR DEM VERZEHR DIESER »STACHELIGEN« ANGELEGENHEIT WIRD DRINGEND GEWARNT!

Lime Pie

Teig

90 g	Butter
90 g	Zucker
190 g	Vollkornzwieback

Füllung

4	Eigelb
440 g	Kondensmilch
60 g	Zucker
1/8 l	Limettensaft
1 El	Limettenschale

Baiser

4	Eiweiß
1/4 Tl	Backpulver
150 g	Zucker
3 El	Mandelblättchen

WO BLEIBT DENN DAS DESSERT?

Zubereitung

Butter schmelzen, Zwieback fein krümeln, mit Butter und Zucker mischen. Den Teig in eine gefettete Springform füllen, fest gegen den Boden und die Seiten drücken. Im vorgeheizten Backofen bei 160° Umluft etwa 6 Minuten vorbacken.

Für die Füllung Eigelb, Kondensmilch und Zucker verrühren.
Limettensaft und -schale untermischen. Die Masse auf den Teigboden geben und weitere 25 - 30 Minuten bei 160° Umluft backen.

Inzwischen das Eiweiß mit Backpulver schlagen, Zucker einrieseln lassen und weiterschlagen, bis der Eischnee steif ist. Auf dem leicht abgekühlten Kuchen verteilen, Mandelblättchen darüber streuen und erneut 10 - 15 Minuten bei gleicher Temperatur backen.

Tipp

Lime Pie eignet sich hervorragend als Dessert. In diesem Fall kurz vor dem Servieren noch einmal 1 - 2 Minuten bei 220° übergrillen.

Bittersüße Schokolade

Teig

5	Eiweiß
60 g	Zucker
5	Eigelb
80 g	Zucker
4 El	Orangensaft
1 Prise	Salz
100 g	Kakao

Belag

1/2 l	Sahne
100 g	Vollmilchschokolade
100 g	Orangenmarmelade

Deko

100 g	Zartbitterschokolade

Zubereitung

Für den Belag die Schokolade in Stücke brechen und in der Sahne unter Rühren einmal aufkochen. Über Nacht kalt stellen.
Eiweiß und 60 g Zucker steif schlagen. Eigelb, 80 g Zucker, Orangensaft und Salz schaumig rühren. Eischnee auf die Eigelbmasse geben, den Kakao darüber sieben und vorsichtig unterheben. Eine Springform mit Backpapier auslegen und den Teig in die Form füllen.
Bei 175° Umluft etwa 30 - 35 Minuten backen. In der Form abkühlen lassen.
Den Biskuit auf eine Platte legen und mit Orangenmarmelade bestreichen.
Die Schokoladensahne steif schlagen und auf dem Boden verteilen. Die Schokolade mit einem Sparschäler raspeln, auf die Torte streuen und mindestens eine Stunde kalt stellen.

Tipp

Orangenschale im Teig und als Dekoration verfeinert den Geschmack!

Walnusskuchen

Teig

15	Walnusskerne
170 g	gehackte Walnüsse
120 g	Butter/Margarine
60 g	Zucker
1 P	Vanillezucker
1 Tl	Rum
1 Prise	Salz
3	Eigelb
120 g	Mehl
3 El	Grieß
2 Tl	Backpulver
2	Äpfel
3	Eiweiß
60 g	Zucker

Deko

100 g	Puderzucker
1 - 2 El	Zitronensaft

Zubereitung

Die gehackten Walnüsse in einer Pfanne ohne Fett rösten, bis sie duften.
Eine Gugelhupfform einfetten, mit zwei Esslöffeln der gehackten Walnüsse bestreuen und mit 15 Walnusskernen auslegen.
Butter mit 60 g Zucker, Vanillezucker, Rum und Salz solange rühren, bis der Zucker sich gelöst hat, dann das Eigelb unterrühren. Mehl, Grieß, Backpulver und Walnüsse mischen und unter die Eimasse ziehen.
Äpfel schälen, grob reiben und unter den Teig heben. Eiweiß mit 60 g Zucker steif schlagen und ebenfalls unterheben.
Den Teig in die Form füllen und bei 175° Umluft etwa 55 - 60 Minuten backen.
Den Kuchen in der Form etwas abkühlen lassen, dann erst stürzen.
Zitronensaft und Puderzucker glatt rühren und den Kuchen mit der Glasur überziehen.

Schneewittchentorte

So weiß wie Schnee, so rot wie Blut und so schwarz wie Ebenholz...

Teig

150 g	Butter
150 g	Zucker
1 P	Vanillezucker
4	Eier
200 g	Mehl
1/2 P	Backpulver
3 El	Kakao
2 El	Milch
1 Glas	Sauerkirschen

Belag

500 g	Quark
400 g	Sahne
2 P	Vanillezucker

Guss

20 g	Vollmilchschokolade oder Kuvertüre
2 P	roter Tortenguss

»SPIEGLEIN, SPIEGLEIN IN DER HAND, SAG: WER BACKT DIE BESTE TORTE IM GANZEN WENDLAND?«

Zubereitung

Butter mit Zucker und Vanillezucker schaumig rühren, Eier nacheinander gut unterrühren. Mehl mit Backpulver mischen, sieben und unterheben. Den Teig halbieren und eine Hälfte des Teiges mit Kakao und Milch verrühren. In eine mit Backpapier ausgelegte Springform erst den hellen Teig, darauf den dunklen Teig einfüllen.
Die Kirschen abtropfen lassen und den Saft auffangen. Die Früchte auf dem Kuchen verteilen und bei 160° Umluft etwa 45 - 50 Minuten backen.

Den abgekühlten Kuchen auf eine Tortenplatte legen, den Ring der Springform darum herum schließen. Die Sahne mit dem Vanillezucker steif schlagen und unter den Quark heben, die Creme auf dem Kuchen verstreichen.
Mit Folie abgedeckt 1 Stunde kalt stellen.
Die Schokolade schmelzen. Den Tortenguss mit dem Kirschsaft und evtl. Wasser nach Anweisung kochen. Den Guss nur leicht abgekühlt auf der Torte verteilen, die Schokolade mittig in den Guss tropfen lassen und sofort mit einem Holzstäbchen zu Linien auseinander ziehen.

Luftige Erdbeerschnitten

Teig

450 g	TK Blätterteig

Belag

500 g	Erdbeeren
2 El	Erdbeersirup
150 g	Puderzucker
1 El	Speisestärke
1 P	Vanillezucker
200 g	Sahne

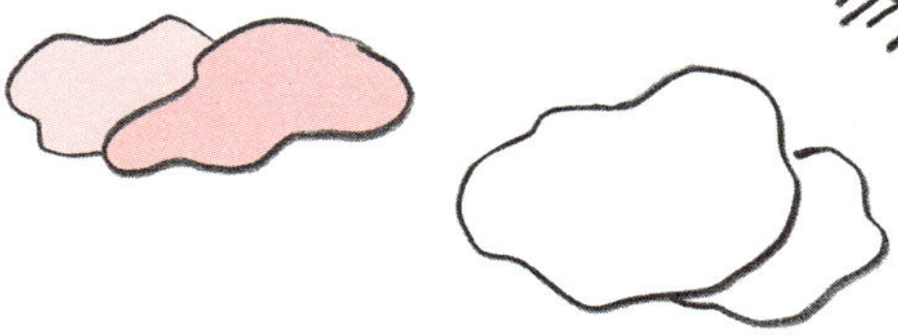

Zubereitung

Blätterteigscheiben auftauen lassen. Jede Blätterteigplatte in 2 Quadrate schneiden und auf ein mit Backpapier ausgelegtes Backblech legen.
Im vorgeheizten Backofen bei 180° Umluft ca. 15 Minuten backen.
Inzwischen die Erdbeeren klein schneiden. Etwas verdünnten Erdbeersirup erwärmen, Speisestärke mit 2 Esslöffeln Wasser anrühren, in die Flüssigkeit geben und kurz aufkochen lassen. Zum Abkühlen beiseite stellen. Anschließend 2/3 der Erdbeeren unterheben.
1 Esslöffel Sirup mit 2 Esslöffel Wasser verdünnen und mit dem Puderzucker zu einem glatten Guss verrühren. Die Sahne mit Vanillezucker steif schlagen, die restlichen Erdbeeren unterheben.
Alle Blätterteigstücke quer halbieren und die oberen Hälften mit dem Zuckerguss bestreichen. Auf die unteren Hälften die Erdbeermasse und die Sahne verteilen, die glasierten Blätterteigscheiben obenauf setzen.

Tipp

Sehr lecker auch mit Zwetschgen, Heidelbeeren, Kirschen oder Himbeeren.

Birnenblätter

Teig

300 g	TK Blätterteig

Belag

4	mittelgroße, reife Birnen
3 El	Holunderblütengelee
1 El	Butter
1 Tl	Zucker
1 El	Milch
1	Eigelb

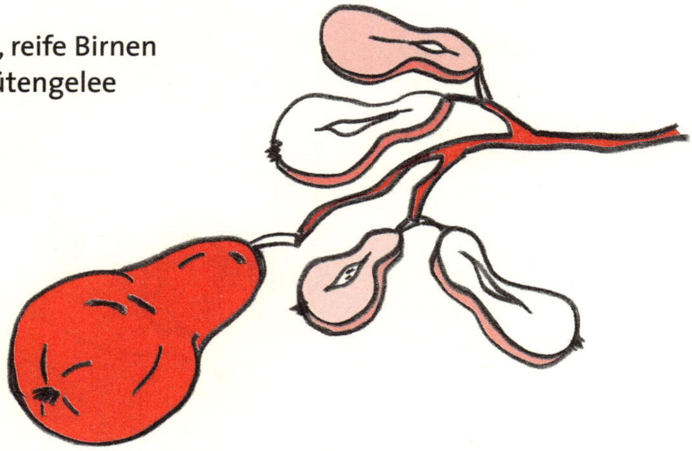

Zubereitung

Blätterteig auftauen lassen. Die Birnen schälen, halbieren, Kerngehäuse entfernen und fächerartig einschneiden. Gelee erwärmen, die Birnenhälften 3 Minuten darin ziehen lassen, herausnehmen und abtropfen lassen. Die Butter in einem Topf schmelzen.
Den Blätterteig übereinander legen und 1 cm dick ausrollen, mit der Hälfte der zerlassenen Butter bestreichen, 1 Teelöffel Zucker darüber streuen.
Den Teig zusammenklappen und wieder 1 cm dick ausrollen, danach in 8 gleich große Stücke schneiden und auf ein mit Backpapier ausgelegtes Backblech legen.
Die Blätterteigstücke mit dem übrigen Gelee bestreichen, die Birnenhälften in die Mitte setzen, die Ränder hochziehen und den Teig an die Birnen drücken. Eigelb und Milch verquirlen und die Teigränder damit bestreichen.
Die Birnen mit der restlichen Butter bepinseln und bei 180° Umluft etwa 15 - 20 Minuten backen.

Tipp

Kann mit jedem hellen Gelee zubereitet werden.

Friesentorte

Teig

300 g	Mehl
1 Msp	Backpulver
2 P	Vanillezucker
1	Becher Crème fraîche
175 g	Butter

Streusel

150 g	Mehl
75 g	Zucker
1 P	Vanillezucker
1 Msp	Zimt
100 g	Butter

Füllung

600 ml	Schlagsahne
2 P	Vanillezucker
450 g	Pflaumenmus

HEJ FRU!
BACK' SCHON MAL 'NE TORTE...
...MORGEN KOMMT BESUCH...

Zubereitung

Die Teigzutaten miteinander verkneten und etwa 1 Stunde kalt stellen.
Den Teig in 4 gleich große Stücke teilen. Die Streuselzutaten zu feinkrümeligen Streuseln verkneten.
Jeweils ein Teigstück in einer Springform ausrollen, 1/4 der Streusel darauf verteilen und bei 180° - 200° Umluft etwa 15 Minuten backen. Einen der Böden gleich nach dem Backen in 12 Tortenstücke schneiden.
Sahne mit Vanillezucker steif schlagen. Auf die erkalteten unzerteilten Böden jeweils 1/3 Pflaumenmus streichen, darauf 1/3 Sahne verteilen. Anschließend die Böden aufeinander legen und mit dem geschnittenen Boden zu einer Torte zusammensetzen.

Tarte Tatin

Teig

200 g	Mehl
120 g	Butter/Margarine
1 Prise	Salz
1	Eigelb
2 El	eiskaltes Wasser
50 g	Zucker

Belag

650 g	Äpfel
3 El	Zitronensaft
150 g	Puderzucker
70 g	Butter

Zubereitung

Aus den Teigzutaten einen Knetteig herstellen. Den Teig etwas größer als die Tarteform ausrollen und 30 Minuten kühl stellen.

Die Äpfel schälen, vierteln und in 1/2 cm dünne Spalten schneiden, mit Zitronensaft beträufeln.

Den Puderzucker in einer Pfanne goldbraun karamellisieren lassen, 75 g Butter darin schmelzen und in eine Tarteform gießen. Die Äpfel fächerförmig darauf verteilen. Den Teig über die Äpfel legen, den Rand sorgfältig in die Form drücken und den Boden mehrfach mit einer Gabel einstechen.

Im vorgeheizten Backofen bei 180° - 200° Umluft etwa 35 - 40 Minuten backen.

Nach dem Backen sofort auf eine Tortenplatte stürzen.

Tipp

Möglichst lauwarm mit Schlagsahne servieren.
Auch als Dessert geeignet.

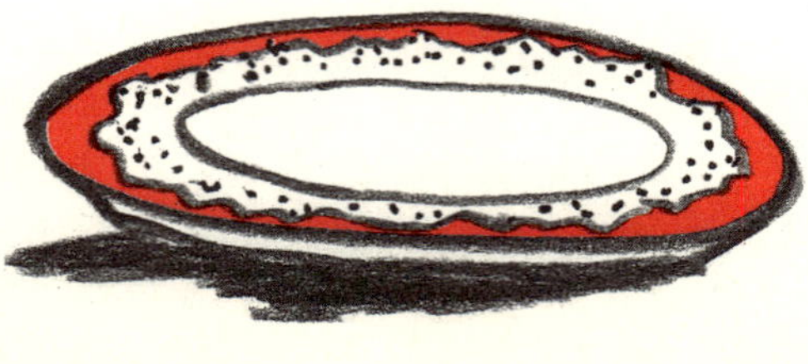

Apfel – Weintorte

Teig

225 g	Mehl
1 Tl	Backpulver
75 g	Butter
1	Ei
75 g	Zucker
1 P	Vanillezucker
1 Prise	Salz

Belag

2 El	Paniermehl
1 kg	gewürfelte Äpfel
2 P	Sahnepuddingpulver
100 g	Zucker
2 P	Vanillezucker
375 ml	Apfelsaft
375 ml	Weißwein

Deko

400 ml	Schlagsahne
2 P	Sahnesteif
2 P	Vanillezucker
	gehackte Pistazienkerne, Krokant oder Kakaopulver

Zubereitung

Aus den Teigzutaten einen Mürbeteig nach Grundrezept herstellen und eine Stunde kalt stellen.
Den Teig in eine Springform drücken, dabei einen Rand hochziehen. Paniermehl auf den Boden streuen und die geschälten, gewürfelten Äpfel darauf verteilen. Aus den restlichen Belagzutaten einen Pudding herstellen und über die Äpfel gießen.
Bei 150° Umluft ca. 50 - 60 Minuten backen.
Den Kuchen am besten über Nacht in der Form auskühlen lassen.
Den Rand mit geschlagener Sahne bestreichen und die Apfeltorte nach Belieben dekorieren.

Tipp

Statt Weißwein kann auch Apfelsaft verwendet werden – oder Apfelwein – besonders fruchtig!

Knuspertaschen

Teig

450 g	TK Blätterteig

Füllung

125 g	Mohn-Back
1 El	Vanillepuddingpulver
125 g	Schmand
2	Äpfel
1	Ei
1 El	Milch

Glasur

50 g	Apfelgelee

»Knusper, knusper Knäuschen, wer knuspert an meinen Taschen???«

Zubereitung

Blätterteig ausgebreitet auftauen lassen, wieder aufeinander legen und zu einem Rechteck von 55 x 35 cm ausrollen.
In 8 gleich große Rechtecke schneiden.
Äpfel fein würfeln, Mohn-Back, Puddingpulver und Schmand verrühren, die Äpfel unterheben.
Je einen Esslöffel der Füllung nicht ganz in die Mitte der Teigplatte geben.
Das Ei trennen und die Teigränder mit Eiweiß bestreichen, die Teigplatten zusammenklappen. Die Ränder gut andrücken und im Abstand von 1 cm einschneiden. Eigelb mit Milch verquirlen und auf die Taschen streichen.
Auf ein mit Backpapier ausgelegtes Backblech setzen.
Bei 180° Umluft etwa 20 - 25 Minuten backen.
Apfelgelee erwärmen und die Taschen damit bepinseln.

Tipp

Eine Füllung aus Sauerkirschen ist ebenfalls köstlich, dann mit Aprikosenmarmelade glasieren.

Groß Sachauer Baumkuchentorte

Teig

375 g	weiche Butter/Margarine
375 g	Zucker
3	Eier
6	Eigelb
6	Eiweiß
3 El	Rum
225 g	Mehl
150 g	Speisestärke
4 1/2 Tl	Backpulver

ALSO WIR KAUFEN UNSERE KUCHENMESSER
IMMER BEI STIHL

Guss

20 g	Kokosfett
200 g	Vollmilchschokolade
5 g	Kokosfett
50 g	weiße Schokolade

Zubereitung

Butter und Zucker sehr schaumig rühren. Nach und nach Eier, Eigelb und Rum unterrühren. Mehl mit Speisestärke und Backpulver mischen, sieben und löffelweise unter die Eimasse geben. Eiweiß steif schlagen und vorsichtig unterheben. Den Backofen auf Grillen 180° einstellen.

Eine Springform mit Backpapier auslegen. Mit einer Suppenkelle 1 x Teig einfüllen und verstreichen. Den Teig im Backofen unter dem Grill bei 180° - 200° in etwa 1 - 3 Minuten hellbraun backen.

Weiter so verfahren, bis der gesamte Teig verbraucht ist.

Den fertigen Kuchen mit einem scharfen Messer aus der Form lösen und auf eine mit Pergamentpapier ausgelegte Tortenplatte stürzen.

20 g Kokosfett und Vollmilchschokolade auflösen und die warme Torte damit überziehen. 5 g Kokosfett und weiße Schokolade auflösen und sofort wie eine Schnecke auf die Torte gießen. Mit einem Messer abwechselnd die Glasur von außen nach innen und von innen nach außen ziehen.

Nach dem Abkühlen das Pergamentpapier entfernen.

Tipp

Eine Spezialität, die typisch für diese Region ist - allerdings etwas aufwändiger in der Zubereitung, dafür aber auch wirklich ein Highlight!

Zebra- oder Giraffenkuchen

Teig

5	Eigelb
250 g	Zucker
1 P	Vanillezucker
250 ml	neutrales Speiseöl
125 ml	lauwarmes Wasser
375 g	Mehl
1 P	Backpulver
5	Eiweiß

Zubereitung

Eigelb, Vanillezucker und Zucker schaumig rühren, nach und nach die übrigen Zutaten dazugeben. Das Eiweiß steif schlagen und unterheben. Den Teig halbieren und unter eine Hälfte des Teiges 2 Esslöffel Kakao mischen. Folgendermaßen in eine gefettete Springform füllen:

Zebrakuchen

2 Esslöffel hellen Teig in die Mitte der Springform geben, 2 Esslöffel dunklen Teig darauf - nicht daneben und nicht verteilen. Immer so weiter den Teig einfüllen, bis er aufgebraucht ist.
Bei 160° Umluft ca. 50 - 60 Minuten backen.

Giraffenkuchen

Immer einen Esslöffel hellen Teig neben einen Esslöffel dunklen Teig geben, vom Springformrand bis zur Mitte hin arbeiten.
Die 2. Schicht versetzt einfüllen und so weiter, bis der Teig aufgebraucht ist.
Bei 160° Umluft ca. 50 - 60 Minuten backen.

GIRAFFENKUCHEN
(FÜR KUCHENESSER AB 1,80 M GEEIGNET)

ZEBRAKUCHEN
(FÜR KUCHENESSER AB 1,0 M GEEIGNET)

BlueberryMuffins

Teig

200 g	Mehl
60 g	feine Haferflocken
2 Tl	Backpulver
1/2 Tl	Natron
150 g	brauner Zucker
1 P	Vanillezucker
2	Eier
300 ml	saure Sahne
100 g	weiche Butter
1/2	Glas abgetropfte Heidelbeeren

Zubereitung

Alle Zutaten nach Grundrezept gut miteinander verrühren. Zum Schluss die Heidelbeeren vorsichtig unterheben und den Teig in die Förmchen füllen. Etwa 20 Minuten bei 190° Umluft backen.

Tipp

Nach einem original amerikanischen Rezept, klassisch und besonders lecker!

RhabarberMuffins

Teig

2	Tassen Mehl
4 Tl	Backpulver
3/4	Tasse Zucker
2	Eier
1	Tasse Milch
50 g	geschmolzene Butter
2 Tl	Zitronenschale
1	Tasse geputzte Rhabarberstücke, ca. 2 cm lang

Zubereitung

Alle Zutaten nach Grundrezept gut verrühren. Zum Schluss die Rhabarberstücke unterheben und den Teig in die Förmchen füllen. 20 - 25 Minuten bei 190° Umluft backen. Nach dem Abkühlen mit Puderzucker bestäuben.

Tipp

Erfrischend säuerlich - süß!

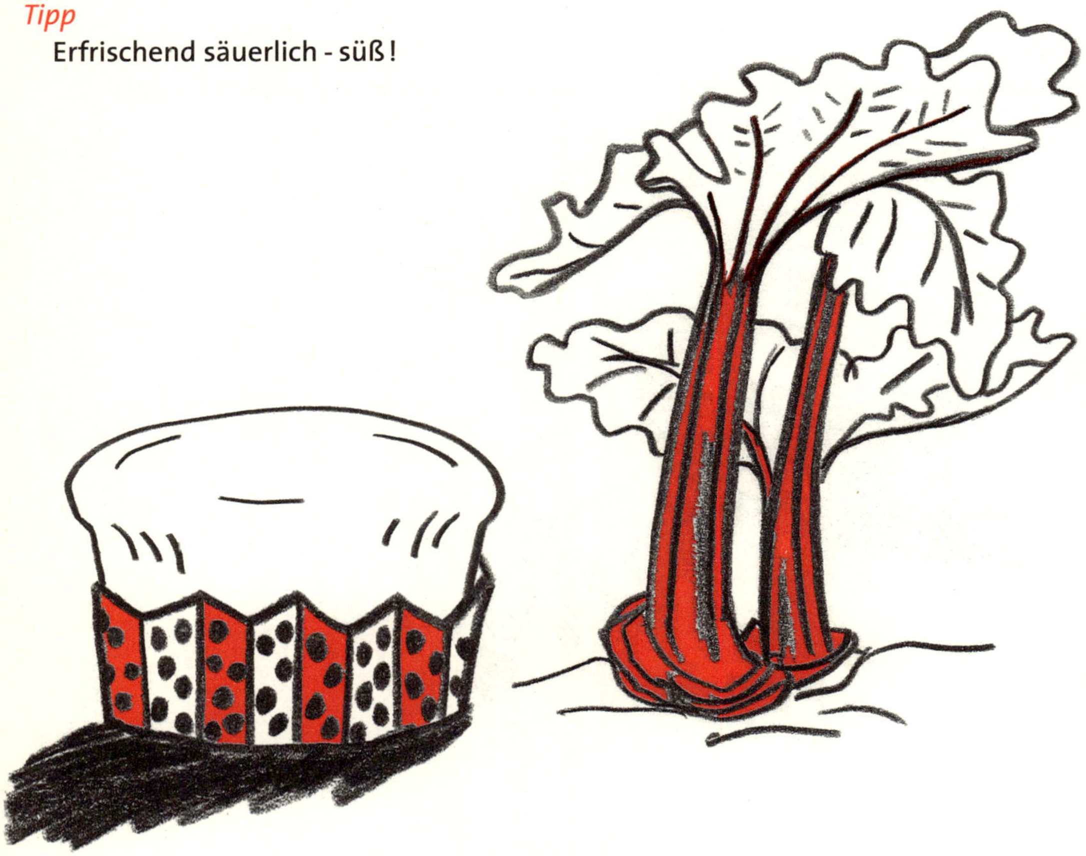

SchokoMuffins

Teig

1 1/4	Tassen Mehl
1/4	Tasse Kakao
2 Tl	Backpulver
1/2	Tasse brauner Zucker
2	Eier
1/2	Tasse Milch
80 g	geschmolzene Butter
1 1/4	Tassen Schokoladenstreusel

Zubereitung

Mehl, Kakao und Backpulver mischen. Eier, Milch, Butter und Zucker schaumig schlagen und die Mehlmischung vorsichtig unterrühren.
Zum Schluss die Schokostreusel unterheben und den Teig in die vorbereiteten Förmchen füllen.
Etwa 20 Minuten bei 190° Umluft backen.

Tipp

Die Muffins etwas abkühlen lassen, dann in Kuvertüre tauchen und mit Schokostreuseln bestreuen. Eine schokoladige Verführung!

PfirsichMuffins

Teig

120 g	Mehl
120 g	Vollkornmehl
2 Tl	Backpulver
1/2 Tl	Natron
1/4 Tl	Zimt
150 g	brauner Zucker
1	Ei
100 ml	neutrales Öl oder 100 g geschmolzene Butter
200 ml	saure Sahne oder 185 g Buttermilch
250 g	Pfirsiche frisch oder aus der Dose

Zubereitung

Alle trockenen Zutaten miteinander vermischen. Ei, Öl und saure Sahne verrühren und mit den restlichen Zutaten zu einem Teig verarbeiten.
Pfirsiche in Stücke schneiden und unterheben.
Etwa 20 - 25 Minuten bei 160° Umluft backen.

Tipp

Mit Puderzucker bestreuen. Fruchtig - sommerlich !

MöhrenMuffins

Teig

150 g	Mehl
150 g	Vollkornmehl
2 Tl	Backpulver
1 Tl	Zimt
1 Prise	gemahlene Nelke
1/2 Tl	gemahlene Muskatnuss
100 g	gehackte Walnüsse
200 g	geraspelte Möhre
1	Ei
150 g	brauner Zucker
100 ml	neutrales Öl
375 ml	Buttermilch
1 El	Zitronensaft

Zubereitung

Mehl, Vollkornmehl, Backpulver, Natron, Gewürze und Nüsse sorgfältig mischen.
Ei, Zucker, Öl, Buttermilch und Zitronensaft verrühren und die geraspelten Möhren unterheben.
Zuletzt die Mehlmischung hinzufügen und alles vorsichtig miteinander vermengen.
Teig in die Förmchen füllen und ca. 20 - 25 Minuten bei 160° Umluft goldgelb backen.

Tipp

Nach dem Backen mit Zitronenglasur überziehen. Kräftig und saftig!

Dinkel-Schoko-Nuss-Muffins

Teig

220 g	Dinkelmehl
1 Tl	Weinsteinbackpulver
30 g	Kakaopulver
140 g	gehackte Haselnüsse
150 g	Schokostreusel
150 g	zimmerwarme Butter
125 g	brauner Zucker
4	Eier
2 Tl	Zimt
1/2 Tl	gemahlene Vanille

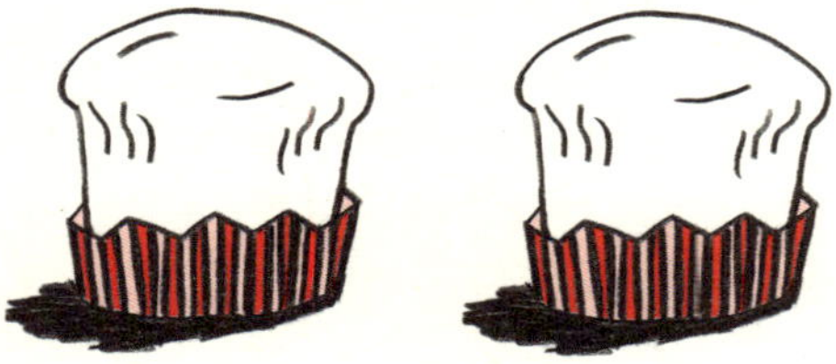

Zubereitung

Dinkelmehl mit Weinsteinpulver und Kakao vermischen. Weiche Butter mit Zucker, Eiern, Zimt und Vanille schaumig rühren, Mehlmischung darauf geben und alles miteinander verrühren. Zum Schluss gehackte Haselnusskerne und Schokostreusel unterheben.
Teig in Förmchen füllen und ca. 15 - 20 Minuten bei 180° Umluft backen.

Tipp

Weinsteinpulver ist phosphatfrei und sehr gut verträglich. Eine Variation mit vollem Korn, diesmal Dinkel!

WalnussMuffin

Teig

150 g	Mehl
100 g	geriebene Walnüsse
1 P	Backpulver
1 El	Zimt
1/2 Tl	gemahlene Nelken
1 Prise	Salz
125 g	weiche Butter
125 g	Zucker
1	Ei
1 El	Rum

Deko

Nussglasur nach Wunsch
12 - 16 halbe Walnüsse
einige Pistazienkerne

Zubereitung

Mehl, Gewürze, Backpulver und Walnüsse vermischen. Das Ei in einer zweiten Schüssel verquirlen, Zucker und Rum hinzufügen. Die weiche Butter nach und nach unterrühren und die Mehl - Nuss - Mischung unterheben.
Den Teig in die gefettete Muffinform oder in Papierförmchen geben und bei 180° Umluft etwa 20 - 25 Minuten goldgelb backen.
Die Muffins etwas abkühlen lassen, nach Belieben mit Glasur überziehen und mit den halben Walnüssen und einigen Pistazienkernen garnieren.

Tipp

Die Walnüsse lassen sich auch durch andere Nüsse ersetzen!

REGISTER

Grundrezepte

Rezepte der Ausstellungsorte

Rezepte der Sympathisanten

Eigene Rezeptsammlung

Redaktion *Martina Schrader, Anne Przyklenk-Hadel*
Versuchsküche *Martina Schrader, Anne Przyklenk-Hadel*
Illustrationen *Carola Krammisch*
Layout/Umschlaggestaltung *Carola Krammisch*
Druck *Pinsker Druck und Medien GmbH, Mainburg*

Hinweis
Das vorliegende Buch wurde nach bestem Wissen und Gewissen erarbeitet. Dennoch erfolgen alle Angaben ohne Gewähr. Eine Haftung des Verlages und der Autoren für alle erdenklichen, daraus resultierenden Schäden an Personen, Sach- und Vermögensgegenständen ist ausgeschlossen.

ISBN 3-00-011201-4